Roberto & Manuela Vitali

Das Evangelium am Himmel

Roberto & Manuela Vitali

Das Evangelium am Himmel

Grace today Verlag

Bildnachweis — canva.com: 14/15, 116/117, 166/167, 182/183, 196/197, 210/211 — Gabriel Walther walther.photography: 260/261 — istockphoto.com: 23 dascher, 110/111 RomoloTavani, 186/187, 222/223 DigtalStorm — lightstock.com: 261 Pearl, 261 Anggie — Public Domain: 22, 25, 27, 29, 31, 33, 35, 37, 38, 40, 42, 44, 46, 49, 50, 51, 53, 56, 58, 61, 62, 64, 67, 69, 70, 73, 74, 76, 78, 81, 82, 85, 88, 91, 92, 93, 95, 97, 99, 101, 104 — shutterstock.com: 166/167 grebeshkovmaxim, 186/187 Delightful Captures — stock.adobe.com: 87 benjamin farren/EyeEm; 146/147 evenfh; 135 biblebox; 175/176 Mohwet; 121, 123, 129, 131, 133, 139, 143, 145 Mohwet — stock.adobe.com K3Star/Pastor Erich Engler/Grace Family Church Schweiz: 107, 113, 238/239 — stockphoto.com: 135

Die Deutsche Nationalbibliothek verzeichnet diese Publikation in der Deutschen Nationalbibliografie; detaillierte bibliografische Daten sind im Internet über https://www.dnb.de abrufbar.

Umschlaggestaltung & Satz: Gabriel Walther – www.gabrielwalther.com
Umschlagfoto: istockphoto.com Michael Ver Spril; privat; canva.com
Lektorat: Gabriele Kohlmann, Thilo Niepel
Druck: Westermann Druck Zwickau GmbH
Printed in Germany

1. Auflage 2021

Paperback: ISBN 978-3-95933-205-7, Bestellnummer 372205
E-Book: ISBN 978-3-95933-206-4, Bestellnummer 372206

www.gracetoday.de

Inhalt

Einleitung

Roberto: Jeder weiß, was Horoskope sind, und kennt vielleicht auch die Sternzeichen oder die Götter der griechischen Mythologie. Doch nur wenige wissen, dass es sich bei alldem um eine verschleierte Kopie des göttlichen Originals handelt. Früher, auf dem Weg zur Arbeit, las ich unterwegs die »20Minuten«-Zeitung. Nebst vielen anderen, aus meiner Sicht unnützen Informationen gab es in diesem Boulevardblatt auch ein Tageshoroskop. Schon damals fand ich diese Horoskope sehr interessant, weil man so ziemlich alles hineininterpretieren konnte, um es für den eigenen Zweck passend zu machen. »Heute wird dir Gutes wiederfahren« kann auf jede noch so kleine Situation angewendet werden – man findet eine Geldmünze auf der Straße, man erwischt den letzten Parkplatz in einem vollen Parkhaus oder erlebt sonst irgendetwas Erfreuliches.

Als Pastor Erich Engler vor ein paar Jahren in der Grace Family Church (CH) dieses Thema aufgriff und erläuterte, wie das Evangelium am Himmel gezeigt wird, waren meine Frau und ich von Anfang an fasziniert. Für uns Menschen ist es nur schwer vorstellbar, dass der Himmel seit Anbeginn der Zeit von der Wiederkunft Jesu spricht.

Mir war damals nicht klar, wie sehr mich dieses Thema über Jahre hinweg begleiten würde. Denn als Pastor Erich Engler und ich nach Hyderabad, Indien, reisen durften, wurde das Evangelium am Himmel unter dem Titel »The Gospel in the Stars« ungeplant zur zentralen Botschaft unserer Reise. Genauso war mir bis zu jenem Zeitpunkt nicht bewusst, welch wichtige Rolle die Sterne und deren Konstellation in anderen

Religionen und Kulturen spielen. Mit der Zeit wurden mir immer mehr die Augen geöffnet, und was ich erfuhr, hat mich einfach überwältigt.

Manuela: Mir war lange nicht klar, wie viele Menschen es gibt, für die Sternzeichen eine wichtige Bedeutung haben. Da ich christlich erzogen wurde, wusste ich nur, was man mir beigebracht hatte: Die astrologische Auslegung der Sterne führe zu verdrehten Botschaften und sei etwas, das vom Teufel geschaffen wurde; man lasse besser die Finger davon, sonst käme man nur auf falsche Gedanken.

Als ich meine Ausbildung in Zürich begann, fuhr ich täglich mit dem Zug. Ich sah damals schon viele Pendler die »20-Minuten«-Zeitung lesen. Ich war neugierig und wollte wissen, weshalb so viele Menschen ausgerechnet diese Zeitung lasen. Eines Tages fing auch ich an, darin zu blättern und entdeckte schließlich die Seite mit dem Horoskop. Ich wusste, dass ich es nicht lesen durfte, tat es aber trotzdem und hatte dabei ein extrem schlechtes Gewissen. Natürlich merkte ich, wie vage diese Horoskope formuliert waren, weshalb ich sie sogar ein wenig albern fand.

Dennoch verstand ich mit der Zeit, weshalb sich manche Menschen so sehr daran festhalten. Es gibt ihnen Hoffnung und macht ihnen Mut, weil sie aus einzelnen Sätzen etwas Persönliches für sich herausziehen. Mir gaben diese Horoskope nichts, was mich aber nicht überraschte, da ich natürlich weiß, dass meine Hilfe von Jesus kommt. Meine Freude und der Glaube an die Zukunft kommen von meinem Herrn.

Dank Pastor Erich sehe ich die Sterne in einem völlig neuen Licht. Ich danke Gott, dass ich die Predigt »The Gospel in the Stars« hören durfte. Ich war sprachlos und bin dankbar für diese großartige Erleuchtung.

Danksagung

An dieser Stelle möchten wir der Grace Academy und speziell Pastor Erich Engler und seinem Pastorenteam für etwas danken, das keine Selbstverständlichkeit ist: Woche für Woche setzen er und die anderen Pastoren sich mit neuen Themen auseinander und erläutern diese so ausführlich, akkurat und anschaulich, dass die Inhalte für jeden verständlich und nachvollziehbar sind.

Wir dürfen jede Woche von der Gnade Gottes hören und werden jeden Sonntag mit dieser Botschaft gesättigt. Wir segnen alle Pastoren und Mitarbeiter der Grace Academy im Namen unseres Herrn, Jesus Christus.

Die Definition von »Stern« und »Sterne« in der Bibel

Die Wörter »Stern« und »Sterne« haben unterschiedliche Bedeutungen in der Bibel.

Spricht die Bibel von einem Stern, wie in den Büchern Moses oder im Matthäusevangelium, dann ist damit immer eine Person, ein Engel oder eine bestimmte Kreatur gemeint.

In 4. Mose 24,17 lesen wir beispielsweise: »Ich sehe ihn, aber jetzt noch nicht; ich schaue ihn, aber noch nicht in der Nähe. Ein **Stern** tritt hervor aus Jakob, und ein Zepter erhebt sich aus Israel. Es wird die Schläfen Moabs zerschmettern und alle Söhne Seths zertrümmern.« Hier steht der Stern ganz klar für eine Person: Ein Stern tritt hervor aus Jakob.

Eine weitere Stelle findet sich in 1. Korinther 15,41, dort steht: »Einen anderen Glanz hat die Sonne und einen anderen Glanz der Mond, und einen anderen Glanz haben die Sterne; denn ein **Stern** unterscheidet sich vom anderen im Glanz.« Hier unterscheidet sich ein Stern von den anderen Sternen. Gemeint ist wieder eine bestimmte Person, nicht bloß ein weiterer der zuvor erwähnten Sterne. Dieser Stern leuchtet am hellsten.

Spricht die Bibel jedoch in der Mehrzahl von Sternen, werden damit meist Zahlen, Mengen oder auch Engel symbolisiert. Beispiele dafür sind die Charakteristik des Tierkreises oder die Anzahl der Stämme Israels, um nur zwei zu nennen.

Auch diese Symbolik ist in 1. Korinther 15,41 zu finden: »Einen anderen Glanz hat die Sonne und einen anderen Glanz der Mond, und einen anderen Glanz haben die **Sterne**; denn ein Stern unterscheidet sich vom anderen im Glanz.« Genauso in Psalm 147,4: »Er zählt die Zahl der **Sterne** und nennt sie alle mit Namen.« Und Nehemia 9,23 sagt: »Du machtest ihre Kinder zahlreich wie die **Sterne** am Himmel und brachtest sie in das Land, von dem du ihren Vätern verheißen hattest, dass sie hineinziehen und es einnehmen würden.«

Nicht nur Jesus wird als Stern bezeichnet, sondern auch der Teufel wird als solcher genannt. In Jesaja 14,12 lesen wir vom Glanzstern: »Wie bist du vom Himmel herabgefallen, du Glanzstern, Sohn der Morgenröte! Wie bist du zu Boden geschmettert, du Überwältiger der Nationen!« Dieser Bibelabschnitt beschreibt den Fall Luzifers. Er wird als Glanzstern bezeichnet, weil er einer der höchsten Engel im Reich Gottes war und direkt unter Gott stand. Er wurde verdammt und fiel. Der Glanzstern riss auch ein Drittel der anderen Sterne mit sich. Das lesen wir in Offenbarung 12,3–4: »Und es erschien ein anderes Zeichen im Himmel: siehe, ein großer, feuerroter Drache, der hatte sieben Köpfe und zehn Hörner und auf seinen Köpfen sieben Kronen; und sein Schwanz zog den dritten Teil der Sterne des Himmels nach sich und warf sie auf die Erde. Und der Drache stand vor der Frau, die gebären sollte, um ihr Kind zu verschlingen, wenn sie geboren hätte.« Wie wir wissen, sind die Sterne gefallene Engel, also Dämonen.

Am Anfang war der Stern

Beginnen wir doch gleich mit dem ersten Satz der Bibel, dort steht in 1. Mose 1,1: »Am Anfang schuf Gott die Himmel und die Erde.« Vor allem anderen schuf Gott die Himmel und die Erde. *Die* Himmel deshalb, weil es mehrere Himmel gibt, nicht nur einen – dies ist ein wichtiges Detail. Es wird zwischen dem ersten Himmel (unserem sichtbaren Himmel), dem zweiten Himmel (dem Kosmos) und dem unsichtbaren Himmel (dem göttlichen Himmel) unterschieden. Der Kosmos, das gesamte Weltall als Grundlage für die Sterne, wurde erschaffen. Weiter lesen wir in 1. Mose 1,14: »Und Gott sprach: Es sollen Lichter an der Himmelsausdehnung sein, zur Unterscheidung von Tag und Nacht, die sollen als Zeichen dienen und zur Bestimmung der Zeiten und der Tage und Jahre.« Gott setzte also Lichter ans Himmelszelt. Zwei Verse weiter, in Vers 16, wird dies noch genauer beschrieben: »Und Gott machte die zwei großen Lichter, das große Licht zur Beherrschung des Tages und das kleinere Licht zur Beherrschung der Nacht; dazu die Sterne.« Die Sterne wurden also ans Himmelszelt gesetzt.

Gerade mal der erste Vers der Bibel und schon sind die Himmel erschaffen. Am vierten Tag (Vers 16), noch vor den Tieren und Menschen, wurden die Sterne erschaffen. Was sagt uns das? Das Evangelium stand bereits fest an den Himmel geschrieben, noch bevor es Leben auf der Erde gab. Gott wusste also schon bei Erschaffung der Erde, dass es einen Erlöser geben würde. Wir sind noch immer auf den ersten

Seiten der Bibel und sehen dennoch bereits das Evangelium am Himmelszelt.

Selbst in den Büchern von Amos und Hiob werden die Sterne bereits erwähnt. Dies sogar mit Namen, obwohl es die Astrologie zu jenem Zeitpunkt noch nicht gab. In Amos 5,8 lesen wir: »Er aber ist es, der das Siebengestirn und den Orion geschaffen hat, und der den Todesschatten in den Morgen verwandelt, den Tag aber in finstere Nacht; er ruft den Meereswassern und gießt sie auf den Erdboden – HERR ist sein Name.« Hiob 9,8–10: »Er allein spannt den Himmel aus und schreitet auf Meereswogen einher. Er machte den Großen Bären, den Orion und das Siebengestirn, samt den Kammern des Südens. Er tut große Dinge, die unerforschlich sind, und Wunderwerke ohne Zahl.« Und Hiob 38,31–33: »Knüpfst du die Bande des Siebengestirns, oder kannst du die Fesseln des Orion lösen? Kannst du die Sterne des Tierkreises herausführen zu ihrer Zeit, und leitest du den Großen Bären samt seinen Jungen? Kennst du die Gesetze des Himmels, oder bestimmst du seine Herrschaft über die Erde?«

Hiob gilt als eines der ältesten Bücher der Bibel und spricht dennoch schon vom Orion, dem Siebengestirn und dem Tierkreis. In Hiob steht auch: »Kannst du die Sterne des Tierkreises herausführen zu ihrer Zeit?« Was damit gemeint ist, dazu kommen wir später.

01

Das Evangelium am Himmel

Wenn die Sterne schon zu Beginn eine solch wichtige Rolle spielten, dass sie in der Schöpfungsgeschichte und den Büchern Amos und Hiob erwähnt werden, dann muss ein Stern mehr sein als bloß ein heller Punkt am Himmel.

Wärst du überrascht, wenn du herausfändest, dass die Bibel das Geheimnis der Sterne lüftet? Was würdest du denken, wenn dir gesagt würde, dass Gott Abraham das Evangelium am Himmel gezeigt hat?

Folgendes ist in 1. Mose 15,5–6 zu lesen: »Und er führte ihn hinaus und sprach: Sieh doch zum Himmel und **zähle** die Sterne, wenn du sie **zählen** kannst! Und er sprach zu ihm: So soll dein Same sein! Und [Abram] glaubte dem HERRN, und das rechnete Er ihm als Gerechtigkeit an.«

Jetzt fragst du dich vielleicht, was dieser Bibelvers mit dem Evangelium am Himmel zu tun hat. Abraham wurde laut diesem Vers von Gott dazu aufgefordert, die Sterne zu zählen. Stimmt das wirklich? Denn spätestens beim 999. Stern hätte er sich ohnehin verzählt und hätte von vorne beginnen müssen. Es ergibt keinen Sinn, denn so ist Gott nicht. Und tatsächlich müsste hier eigentlich etwas anderes stehen, denn das hebräische Grundwort *saphar*, das hier mit »zähle« übersetzt wurde, bedeutet »erzählen« und nicht zählen. Es wurde demnach falsch übersetzt. Die englische King James Übersetzung ist da weitaus genauer: Dort heißt es nicht »count the stars« (zähle die Sterne), sondern »tell the stars« (erzähle die Sterne). In 1. Mose 15,5–6 der King James Übersetzung steht geschrieben: »And he brought him forth abroad, and said, Look now toward heaven, and **tell** the stars, if thou be able to number them: and he said unto him, So shall thy seed be. And he believed in the LORD; and he counted it to him for righteousness.« Das Wort, das verwendet wird, ist »tell«, erzählen, und nicht »count«, zählen. Dies zeigt sich auch in der lateinischen Übersetzung; dort ist die Wortbedeutung ebenfalls **»sage«** oder **»erzähle«** und nicht zähle. In der Sacra Vulgata Übersetzung liest sich 1. Mose 15,5–6 so: »Eduxitque eum foras et ait illi suspice caelum et numera stellas si potes et **dixit** ei sic erit semen tuum. Credidit Domino et reputatum est ei ad iustitiam.« Übersetzen wir das Wort *dixit* ins Italienische, so heißt es *dire* und bedeutet »sagen« oder »erzählen«.

Wenn wir unsere neugewonnene Erkenntnis über das Wort *saphar* nun auf die deutsche Übersetzung anwenden, lesen wir 1. Mose 15,5–6 in der Schlachter-Übersetzung wie folgt: »Und er führte ihn hinaus und sprach: Sieh doch zum Himmel und **erzähle** die Sterne, wenn du sie **erzählen** kannst! Und er sprach zu ihm: So soll dein Same sein! Und [Abram] glaubte dem HERRN, und das rechnete Er ihm als Gerechtigkeit an.«

In allen Übersetzungen gibt es eine weitere Auffälligkeit. Überall heißt es: »so soll dein Same sein«. Der Same steht nicht in Mehrzahl, sondern in Einzahl geschrieben. Die Rede ist hier von einem singulären maskulinen Samen. Und wir wissen, dass mit diesem Samen Jesus Christus gemeint ist. Das zeigt uns auch folgende Bibelstelle in Galater 3,16: »Nun aber sind die Verheißungen dem Abraham und seinem Samen zugesprochen worden.« Es heißt nicht: »und seinen Samen«; gemeint sind also nicht viele, sondern nur ein Same. Paulus liefert auch gleich die Erklärung dazu und sagt, dass der Same eine Person ist: Jesus Christus.

Gott hat Abraham am Himmel anhand der Sternbilder den versprochenen Messias – Jesus – gezeigt. Abraham glaubte Gott und wurde durch seinen Glauben gerecht gemacht.

Doch was genau wurde Abraham nun gezeigt? Auch hierzu erläutert uns Paulus in Galater 3,8 was sich in jener Nacht ereignete: »Da es nun die Schrift voraussah, dass Gott die Heiden aus Glauben rechtfertigen würde, hat sie dem Abraham im Voraus das Evangelium verkündigt: ›In dir sollen alle Völker gesegnet werden.‹« Ihm wurden die Sternbilder und deren Bedeutung gezeigt. Ausgehend von Virgo (Jungfrau), über die Geburt Jesus bis hin zu Leo (Löwe), der Wiederkunft des Königs. Wie das, fragst du dich? Das schauen wir uns in den folgenden Kapiteln an.

Psalm 147 ist offensichtlich direkt auf Abraham und diese Begebenheit zurückzuführen, denn in den Versen 2–5 ist dort Folgendes zu lesen: »Der HERR baut Jerusalem; die Zerstreuten Israels wird er sammeln. Er heilt, die zerbrochenen Herzens sind, und verbindet ihre Wunden. Er zählt die Zahl der Sterne und nennt sie alle mit Namen. Groß ist unser Herr und reich an Macht; sein Verstand ist unermesslich.«

Ist dies nicht genau das, was Abraham widerfahren ist? Er war zerbrochenen Herzens, weil er und Sarah keine Kinder bekommen konnten. Gott kam zu ihm, verband seine Wunden und erzählte Abraham anhand der Sterne am Himmel von seiner Verheißung. Gott zeigte Abraham, wie groß seine Macht und wie vollkommen sein göttlicher Plan für die Menschheit ist.

Abraham wurden von Gott die Sterne und Sternbilder gezeigt und erklärt. Abraham verstand das Gezeigte. Du fragst dich, warum er es verstand? Warum versteht ein Mensch die Sterne? Abraham besaß dieses Wissen schon, denn in 1. Mose 11,31 lesen wir: »Und Terach nahm seinen Sohn **Abram**, dazu Lot, den Sohn Harans, seinen Enkel, auch Sarai, seine Schwiegertochter, die Frau seines Sohnes Abram, und sie zogen miteinander aus von Ur in Chaldäa, um ins Land Kanaan zu gehen. Als sie aber nach Haran kamen, blieben sie dort.« Hier wird von Abraham gesprochen, als er noch Abram hieß. Er zog mit seinem Vater Terach aus Chaldäa aus. Abraham war somit Chaldäer. Chaldäer waren kundige Sterndeuter; im Kapitel »Jesus und die Sterne« findet sich hierzu eine genauere Erklärung. Die Chaldäer wurden in Astronomie unterrichtet. Somit wusste Abraham, wenn er zum Himmel schaute, was dort am Himmelszelt zu sehen war. Und Gott gab ihm eine Offenbarung, damit er die Sternbilder auf richtige Weise interpretieren, verstehen und weitererzählen konnte.

Abraham bekam aber nicht nur die Sternzeichen und deren Bedeutung gezeigt, sondern erfuhr auch etwas über die richtige Reihenfolge. Wie wichtig diese ist, wirst du in den folgenden Kapiteln sehen. Beginnend bei der Jungfrau und abschließend mit dem Löwen, wurde Abraham diese Reihenfolge gezeigt:

1. Jungfrau
2. Waage
3. Skorpion
4. Schütze
5. Wassermann
6. Steinbock
7. Fisch
8. Widder
9. Stier
10. Zwilling
11. Krebs
12. Löwe

Warum gerade diese Reihenfolge, fragst du dich? Ihm wurde durch Gott das Evangelium am Himmel gezeigt: das Evangelium von Jesus Christus. Sein Evangelium beginnt mit der Geburt der Jungfrau und endet mit seiner Rückkehr als Löwe von Juda.

Psalm 19 und Psalm 89 bestätigen dies. Die Jungfrau wird in Psalm 19,2 gezeigt: »Die Himmel erzählen die Herrlichkeit Gottes, und die Ausdehnung verkündigt das Werk seiner Hände.« Der Löwe folgt dann in Psalm 89,3–6: »Ich sage: Auf ewig wird die Gnade gebaut, deine Treue gründest du fest in den Himmeln: ›Ich habe einen Bund geschlossen mit meinem Auserwählten, habe meinem Knecht David geschworen: Auf ewig will ich deinen Samen fest gründen und für alle Geschlechter deinen Thron bauen!‹ (Sela.) Und die Himmel werden deine Wundertat preisen, o HERR, ja, deine Treue in der Gemeinde der Heiligen!«

Freust du dich auch so auf die folgenden Seiten? Wir jedenfalls könnten jetzt schon vor Freude jubeln!

Der Dendera-Zodiak und die Sphinx

Schauen wir uns die einzelnen Sternbilder des Tierkreises ein wenig genauer an. Sie sind nicht das Einzige, was sich dahinter verbirgt. Doch wo genau sollte man starten? Wir haben im vorhergehenden Kapitel gelesen, dass die Bilder bei der Jungfrau ihren Anfang nehmen. Das Jahr beginnt und endet im Sternzeichen Steinbock. Der astrologische Kalender startet beim Widder. Was ist nun richtig?

Aus Sicht der Bibel gibt es nur einen Punkt, an dem wir starten können, und das ist die Geburt Jesu, die klar auf ein Sternbild zurückzuführen ist. Wenn Gott das Evangelium am Himmel niedergeschrieben hat, dann beginnen wir unsere Reise auch bei der Geburt des Evangeliums, im Sternbild der Jungfrau.

Untermauert wird dies von der Tatsache, dass es schon im antiken Ägypten den sogenannten Dendera-Zodiak gab. Zodiak kommt vom griechischen Wort *zodiakós*. Das wiederum hat seinen Ursprung im hebräischen Wort *sodi*, was so viel bedeutet wie »ein Weg«.

Im Dendera-Zodiak sind auch die meisten uns heute bekannten Tierkreiszeichen abgebildet. Auch hier gibt es die Jungfrau und den Löwen. Was aber noch viel interessanter ist: Zwischen dem Löwen und der Jungfrau wurde eine Figur eingesetzt, die wohl jeder auf der Welt kennt. Findest du sie auf der Abbildung des Dendera-Zodiak auf der folgenden Seite?

Richtig! Es handelt sich um die weltberühmte Große Sphinx. Du fragst dich jetzt bestimmt, was eine ägyptische Sphinx mit dem Evangelium am Himmel zu tun hat. Das haben wir uns zuerst auch gefragt. Aber Gottes Plan ist auch hier ein größerer und übersteigt unsere Vorstellungskraft.

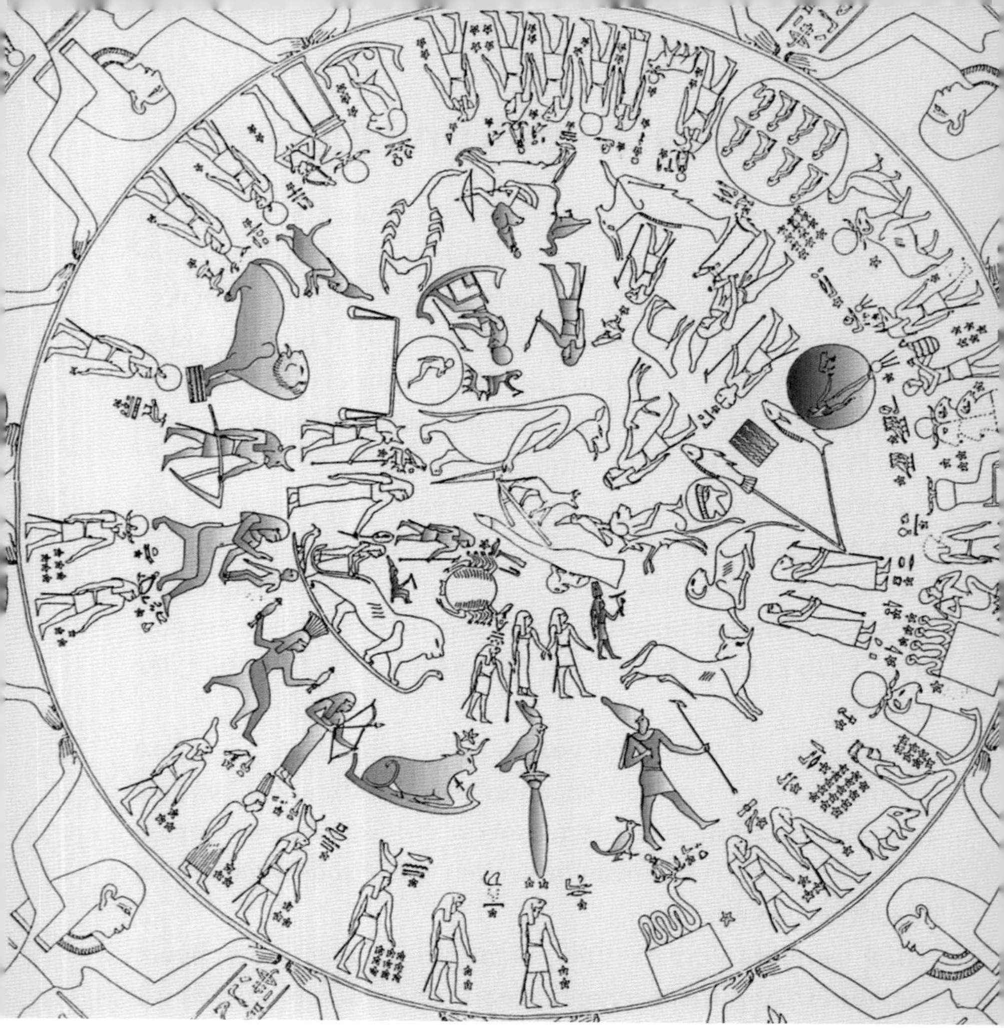

Dieses sogenannte Mischwesen besteht aus einem Löwenkörper mit einem menschlichen Kopf. Man geht davon aus, dass es sich um einen weiblichen Kopf handelt. Bis heute besteht Unklarheit über den Zweck dieser Sphinx, die im ägyptischen Gizeh nahe der Cheops- und der Chephren-Pyramide errichtet wurde. Mythen besagen, sie diene als Wächter der Toten.

Aber wir beschäftigen uns ja nicht mit Mythen, sondern mit der Wahrheit. Wird die Sphinx denn auch in der Bibel erwähnt? Ja, das wird sie. In Jesaja 19,19–20 lesen wir dies über sie: »An jenem Tag wird mitten im Land Ägypten ein Altar für den HERRN stehen, und ein Gedenkstein für den HERRN nahe an seiner Grenze; und das wird ein Zeichen und ein Zeugnis sein für den HERRN der Heerscharen im Land Ägypten; denn sie werden zum HERRN schreien wegen ihrer Bedrücker, und er wird ihnen einen Retter senden, der wird kämpfen und sie erretten.«

Wir fassen kurz zusammen:

- Ein Zeichen und Zeugnis für den Herrn
- Ein Altar des Herrn
- Im Land Ägypten

- Es handelt sich um ein Mischwesen von Mensch und Löwe.
- Sie wurde gemäß der Bibel als Zeichen gesetzt.
- Sie wurde zwischen das Sternbild der Jungfrau und das des Löwen gesetzt.
- Niemand weiß genau, wofür sie steht.

Kannst du nun ihr Geheimnis erraten?

VIRGO →

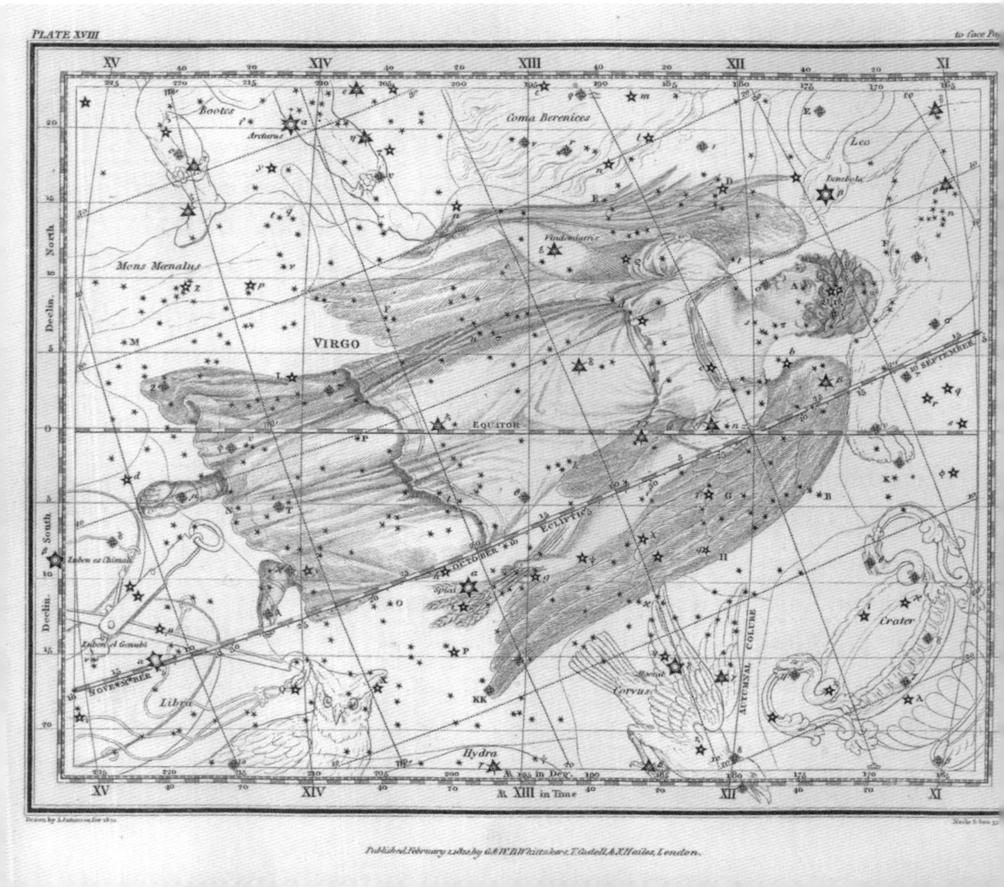

Virgo, die Jungfrau

Der verheißene Same der Frau

Wir nehmen als erstes das Sternbild der Jungfrau etwas genauer unter die Lupe und gehen dafür fast wieder zum Anfang der Bibel zurück. Nach dem Fall der Schöpfung in Eden gab Gott dem Teufel eine Verheißung. Er bekam nicht nur gesagt, dass er von nun an auf dem Bauch kriechen und Staub fressen würde, sondern ihm wurde auch schon die Verheißung der glückseligen Hoffnung gezeigt. Wir lesen in 1. Mose 3,15: »Und ich will Feindschaft setzen zwischen dir und der Frau, zwischen deinem Samen und ihrem Samen: Er wird dir den Kopf zertreten, und du wirst ihn in die Ferse stechen.«

Wir werden uns später noch ansehen, in welchem Zusammenhang dieser Vers mit den Sternbildern steht. In dem Vers bekommt der Teufel aufgezeigt, dass es einen Nachkommen geben würde, der ihn besiegen werde. Er werde ihm den Kopf zertreten und der Teufel werde dem, der da kommen wird, in die Ferse stechen. Unserem Herrn Jesus Christus wurden am Kreuz die Füße mit einem Nagel durchbohrt. Er starb am Kreuz für all unsere Sünden, ging ins Totenreich, besiegte den Teufel und stand am dritten Tag wieder von den Toten auf.

Auch in Jesaja 7,14, lesen wir von dieser Verheißung: »Darum wird euch der Herr selbst ein Zeichen geben: Siehe, die Jungfrau wird schwanger werden und einen Sohn gebären und wird ihm den Namen Immanuel geben.«

Wenn wir uns nun das Sternbild genauer anschauen, hält die Jungfrau in der rechten Hand einen Zweig und in der linken eine Ähre. Bei letzterem handelt es sich um den Stern *Spica*, der interessanterweise der hellste Stern der Jungfrau ist.

Noch interessanter wird es, wenn man sich anschaut, welche Bedeutung der Name Spica in verschiedenen Übersetzungen hat. Im Hebräischen heißt der Stern *Tsemech* und bedeutet »der Weinstock«. Auf Arabisch wird er *Al Zimak* genannt, was ebenfalls »der Weinstock« bedeutet. Im Ägyptischen heißt der Stern *Aspolia*, was so viel wie »der Same« bedeutet. Im Hebräischen gibt es zwanzig verschiedene Begriffe für Weinstock, das Wort *Tsemech* jedoch wird ausschließlich für den Messias benutzt.

In Johannes 15,5 sagt Jesus Folgendes: »Ich bin der Weinstock, ihr seid die Reben. Wer in mir bleibt und ich in ihm, der bringt viel Frucht; denn getrennt von mir könnt ihr nichts tun.« Er ist der Weinstock. Ihn hält die Jungfrau in der Hand. Auch in Jeremia 23,5 lesen wir: »Siehe, es kommen Tage, spricht der HERR, da werde ich dem David einen gerechten Spross (im Englischen = branch) erwecken; der wird als König regieren und weise handeln und wird Recht und Gerechtigkeit schaffen auf Erden.«

Der hellste Stern im Zeichen der Virgo ist der Stern Spica, und der steht für den Weinstock, Jesus. Wow! Kannst du es sehen? Der hellste Stern der Jungfrau – Jesus – wird schon im ersten Sternbild am Himmel gezeigt. Wir haben gerade erst begonnen und doch haben wir bereits ein klares Bild von Jesus.

Coma, die Mutter und ihr Kind

Der Wunsch aller Nationen

Wir werden uns zu jedem Sternbild drei weitere Sternbilder anschauen, die in direkter Verbindung mit dem Hauptsternbild stehen.

Die erste Konstellation im Sternbild Virgo ist *Coma*. Die ursprüngliche Bezeichnung dieser Konstellation lautete *Comah*, was so viel wie »Verlangen« bedeutet (im Englischen = desire).

Dies wird in Haggai 2,7, in der King James Version wie folgt erwähnt: »And the **desire** of all nations shall come.« Die

Schlachter-Bibel bringt es so zum Ausdruck: »Das Ersehnte aller Heidenvölker wird kommen.« Nur was ist dieses Verlangen der Nationen? Was ersehnen sich alle Völker? Handelt es sich hierbei nicht um Jesus? Ist nicht er unser größtes Verlangen?

Die Konstellation zeigt im Persischen, Ägyptischen und Chaldäischen eine Mutter, die auf einem Thron sitzt und ein Kind in ihrer Hand hält. Im Hebräischen wird dieses Kind *Ihesu* genannt, griechisch übersetzt *Christos*. Ich glaube, noch genauer als mit dem Sternenbild *Coma* auf Jesus Christus hinzuweisen, ist kaum möglich.

Heute wird diese Konstellation jedoch nicht mehr Coma genannt, sondern *Coma Berenices*, das Haar der Berenike (siehe Abbildung auf Seite 31).

Berenike lebte von etwa 270 bis 221 v. Chr. und war die Gemahlin des ägyptischen Königs Ptolemaios III. Als dieser in den dritten Syrischen Krieg zog, versprach sie, der Liebesgöttin Aphrodite ihr prachtvolles Haar zu opfern, sollte ihr Gemahl siegreich und unversehrt heimkehren. Ptolemaios siegte, Berenike schnitt ihr Haar ab und brachte es in einem Tempel dar. Als der Haarschopf am nächsten Tag verschwunden war, erklärte der Hofastronom Konon, die Götter seien über das Opfer so erfreut gewesen, dass sie die Haarpracht am Himmel verewigt hätten.[1]

Wir sehen also, dass die Konstellation 270 Jahre vor Christus umbenannt wurde. Ein Zufall oder sollte die gute Botschaft absichtlich vom Himmel verschwinden? Dies zeigt klar: Menschen haben ihre Hand an das perfekte Bild des Himmels gelegt.

Centaurus

Das verachtete Sündopfer

Die Konstellation des Centaurus, bei uns auch Zentaur genannt, hat nichts mit der griechischen Mythologie und dessen Chimäre aus Mensch und Pferd zu tun. Dieses Mischwesen wurde erst zu einem späteren Zeitpunkt Teil der griechischen Mythologie.

Der arabische und hebräische Name dieser Konstellation lautet *Bezeh*, was so viel wie »verachtet« oder »abgewiesen« bedeutet. Jesaja 53,3 (EÜ) gibt uns hiervon ein eindrückliches Bild: »Er wurde verachtet und von den Menschen gemieden, ein Mann voller Schmerzen, mit Krankheit vertraut. Wie einer, vor dem man das Gesicht verhüllt, war er verachtet; wir schätzten ihn nicht.«

Wenn wir auch hier die Sterne etwas genauer betrachten, sehen wir im Vorderfuß des Centaurus den hellsten Stern, dessen Name *Toliman* ist. Die Bedeutung dieses Namens wird folgendermaßen übersetzt: »der bisherige und der danach«. Auch davon lesen wir in der Bibel, ist das nicht erstaunlich? In Offenbarung 1,8 steht: »Ich bin das A und das O, der Anfang und das Ende, spricht der Herr, der ist und der war und der kommt, der Allmächtige.«

Ein älterer hebräischer Name dieser Konstellation war *Asmeath*, übersetzt »das Sündopfer«.

Zeigt uns dies nicht Jesus, der als Sündopfer von seinem Volk Israel verschmäht wurde? Er kam um ihretwillen und wurde für uns alle hingegeben.

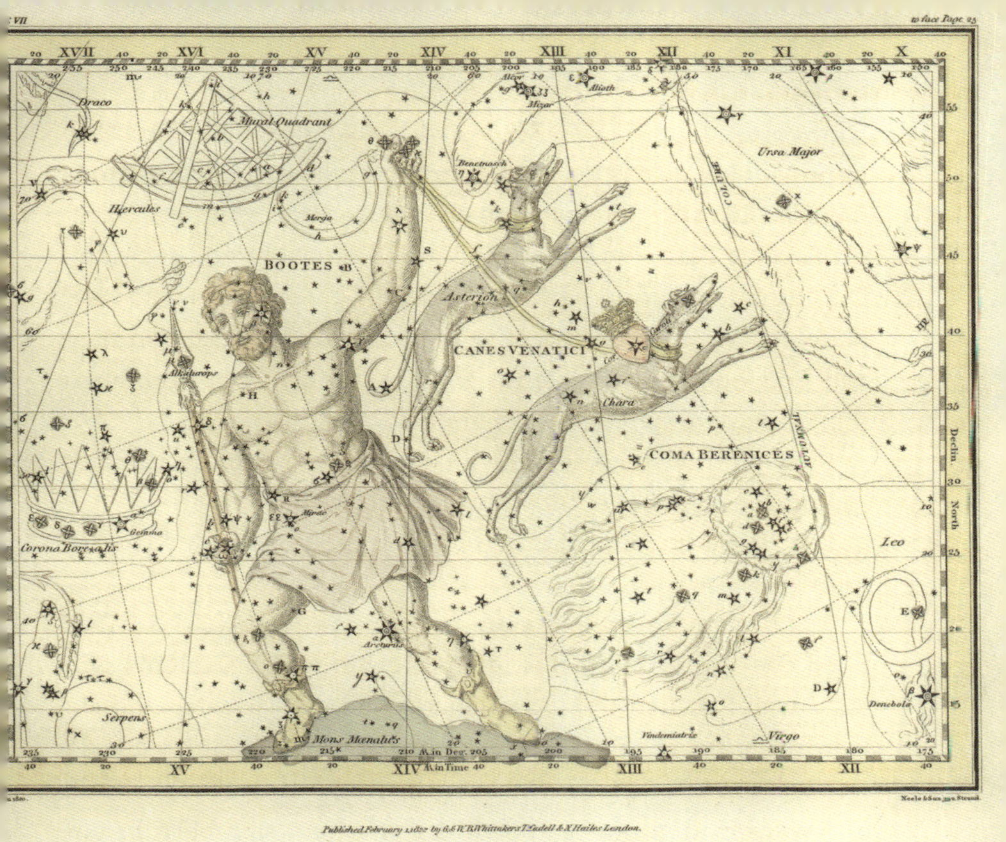

Bootes

Der da kommt

Bootes zeigt einen schnell gehenden Mann, der in der einen Hand einen Speer und in der anderen eine Sichel trägt. Die alten Griechen nannten ihn *Boōtēs*. Dieses Wort bedeutet »der Kommende« und hat seinen Ursprung im hebräischen *bo*, was »kommen« bedeutet. Bootes findet in Psalm 96,13 Erwähnung: »… vor dem HERRN, denn er kommt, denn er kommt, um die Erde zu richten! Er wird den Erdkreis richten mit Gerechtigkeit und die Völker in seiner Treue.«

Die Wortbedeutung von Bootes wird noch durch die Tatsache unterstrichen, dass es sich hierbei um den hellsten Stern handelt. Ein noch älterer Name lautet *Arcturus*, der in Hiob 9,9 als Großer Bär Erwähnung findet und »er kommt« bedeutet. Die Ägypter nannten dieses Sternbild *Smat*, was so viel bedeutet wie »der eine, der regiert«. Eine andere Bezeichnung war *Bau*, ebenfalls angelehnt an das Grundwort *bo*, und auch hier bedeutete es »der Kommende«.

Ein weiterer Stern befindet sich in der Speerspitze; er heißt *Al Katurops* und bedeutet »der Weinstock«.

Der Stern im Kopf namens *Nekkar* bedeutet »der Durchbohrte«.

Wir finden dieses Bild auch in Sacharja 12,10 (LUT): »Aber über das Haus David und über die Bürger Jerusalems will ich ausgießen den Geist der Gnade und des Gebets. Und sie werden mich ansehen, den sie **durchbohrt** haben, und sie werden um ihn klagen, wie man klagt um das einzige Kind, und werden sich um ihn betrüben, wie man sich betrübt um den Erstgeborenen.« Wenn wir Bootes mit seiner Sichel in der Hand anschauen, führt uns das unweigerlich zu Offenbarung 14,15–16, wo es heißt: »Und ein weiterer Engel kam aus dem Tempel hervor, der rief mit lauter Stimme dem zu, der auf der Wolke saß: Sende deine Sichel und ernte; denn die Stunde des Erntens ist für dich gekommen, weil die Ernte der Erde überreif geworden ist! Und der auf der Wolke saß, warf seine Sichel auf die Erde, und die Erde wurde abgeerntet.«

Wir sind erst am Ende des ersten Sternbildes und finden doch schon in jeder zugehörigen Konstellation und den zahlreichen Sternen Zeichen des Erlösers. Zusammengefasst lässt sich sagen: Das Sternbild der Jungfrau zeigt uns den Erlöser.

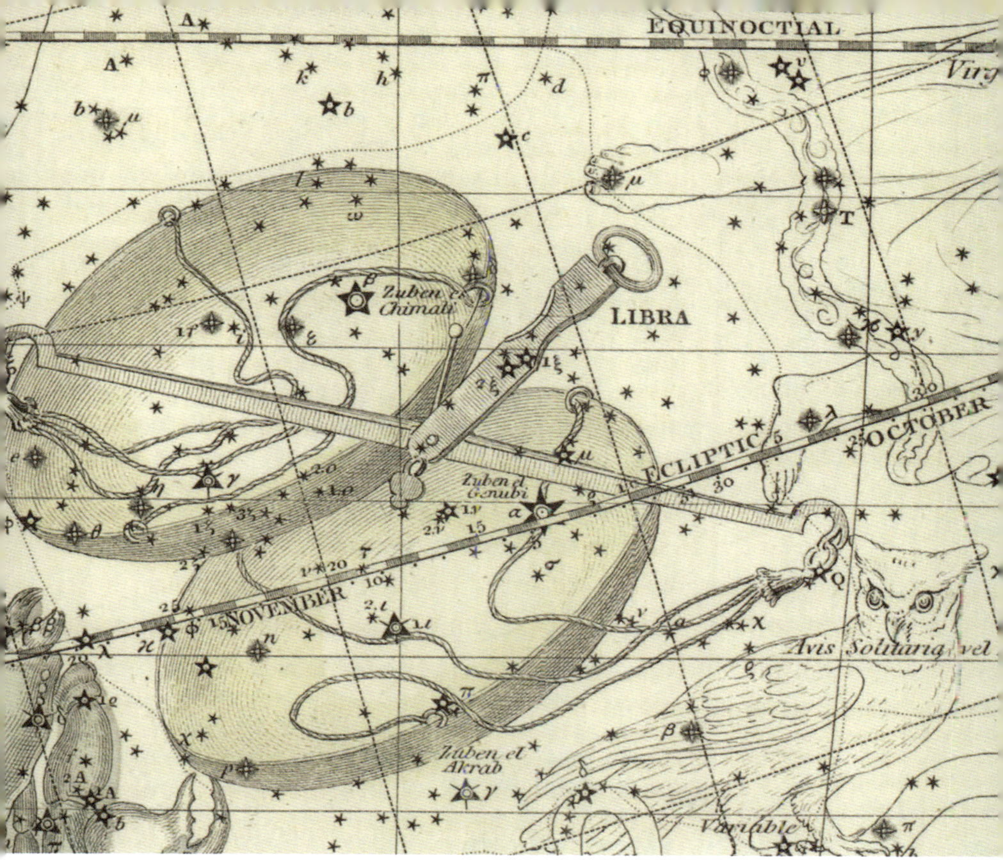

Libra, die Waage

Das einmalige Werk der Erlösung durch Jesus

Die Waage steht als Symbol für Gleichgewicht. Auf dem Markt wurde früher mithilfe einer Balkenwaage das Gewicht von Waren ermittelt: Man legte die Ware in die eine Waagschale und geeichte Gewichte in die andere, solange bis das Gleichgewicht erreicht war. Des Weiteren symbolisiert die Waage Gerechtigkeit. Sie ist in Form der Justizia, die mit verbundenen Augen eine Waage in der Hand hält, als Symbol für Gerechtigkeit in Justizgebäuden zu finden.

Wir werden im Sternbild der Waage das Erlösungswerk Jesu sehen. Aber eins nach dem anderen. Schauen wir uns zunächst einmal das Sternbild der Waage genauer an. Die verschiedenen Übersetzungen und ihre Bedeutungen lassen ahnen, in welche Richtung es geht. Im Hebräischen heißt das Sternbild *Monzanaim*, übersetzt »die Waage«; auf Arabisch *Al Zubena*, was »die Erlösung« bedeutet; das koptische Wort ist *Lambadia*, »Versöhnung«; und auf Lateinisch heißt es *Libra* und bedeutet »wiegen«.

Im Sternbild Waage finden wir drei helle Sterne. Der erste Stern heißt *Zuben-el-dschenubi*, was auf Arabisch so viel wie »unzureichender Preis« bedeutet. Der zweite Stern wird *Zuben-el-schemali* genannt, was »Preis, der abdeckt« bedeutet. Und der Name des dritten Sterns ist *Zuben-el-Akrab* und bedeutet »Preis des Konflikts«.

Kommen uns diese Namen nicht bekannt vor? In Psalm 49,8 (SLT) steht Folgendes: »Und doch vermag kein Bruder den anderen zu erlösen; er kann Gott das Lösegeld nicht geben.« Das lässt sich eindeutig Zuben-el-dschenubi, dem unzureichenden Preis, zuordnen. Genauso Psalm 62,9 (NGÜ), dort lesen wir: »Nur ein Hauch dagegen sind die Menschen, die Einfachen und auch die Vornehmen. Legte man sie auf eine Waage, so würde diese Seite immer in die Höhe schnellen, denn sie sind allesamt leichter als ein Hauch.« Somit ist auch hier die Rede vom unzureichenden Preis.

Ist nicht Jesus die Bezahlung für alle unsere Übertretungen? Bringt nicht er die Waage wieder ins Gleichgewicht für uns? Anhand von Römer 6,23 lässt sich beides mit einem Ja beantworten: »Denn der Lohn der Sünde ist der Tod; aber die Gnadengabe Gottes, ist das ewige Leben in Christus Jesus, unserem Herrn.«

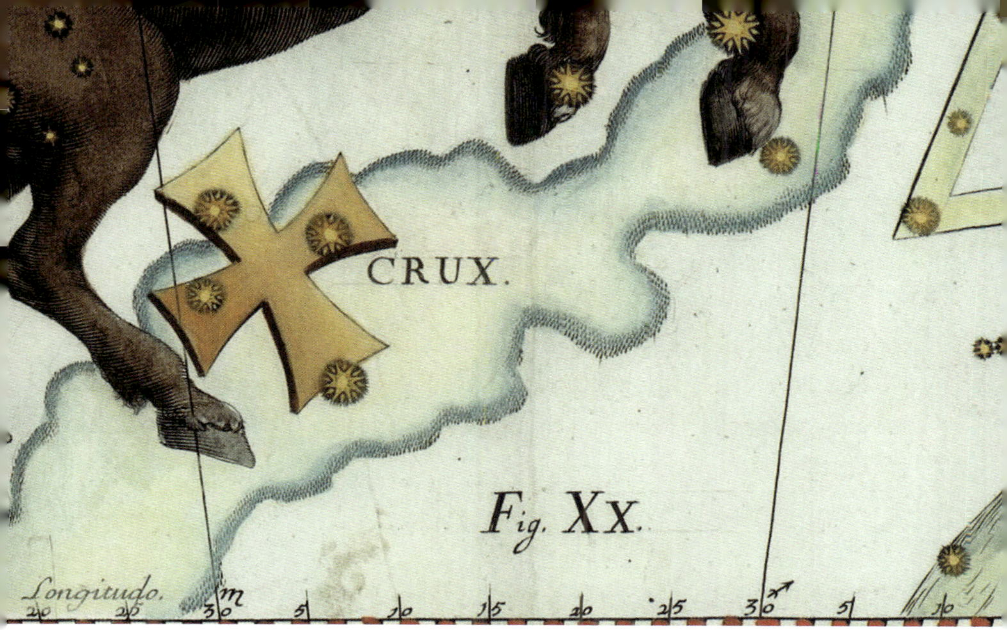

Crux

Das anhaltende Kreuz

Die Konstellation Crux zeigt klar ein Kreuz. Sie wird im Dendera-Zodiak als Löwe mit heraushängender Zunge dargestellt, so als sei er durstig, zusammen mit einer weiblichen Figur, die ihm einen Becher hinhält. Unter seinen Vorderläufen sieht man das hieroglypische Zeichen für fließendes Wasser. E.W. Bullinger beschreibt dies in seinem Buch wie folgt:

> *»Was sonst sollte dies alles sein als ›der Löwe aus dem Stamm Juda‹, der in den Staub des Todes gestürzt wurde und sagt: ›Ich werde ausgegossen wie Wasser, meine Stärke versiegt, mich dürstet und sie geben mir Essig zu trinken‹?«*[2]

Genau das lesen wir auch in Psalm 22,15–16: »Ich bin ausgeschüttet wie Wasser, und alle meine Gebeine sind ausgerenkt. Mein Herz ist geworden wie Wachs, zerschmolzen in meinem Innern. Meine Kraft ist vertrocknet wie eine Scherbe, und meine Zunge klebt an meinem Gaumen, und du legst mich in den Staub des Todes.«

In Johannes 19,28 heißt es: »Nach diesem, da Jesus wusste, dass schon alles vollbracht war, spricht er, damit die Schrift erfüllt würde: Mich dürstet!« Und Psalm 69,21 ergänzt: »Und sie gaben mir Galle zur Speise und Essig zu trinken in meinem Durst.«

Lupus oder Victima

Das getötete Opfer

Lupus wird als Tier dargestellt. Ein Tier, das getötet wurde und gerade zu Boden geht. Der griechische Name lautet *Thera*, das Biest. Der latinische Name ist *Victima* oder *Bestia*. Im Hebräischen wird der Stern als *Asedah* und im Arabischen als *Asedaton* bezeichnet. Beides bedeutet »getötet werden«.

Im Sternbild wird Lupus durch den Centaurus niedergestreckt. Der Centaurus steht, wie wir gelesen haben, sinnbildlich für Jesus. Also wird Lupus – Jesus als Opfer – durch den Centaurus, also durch Jesus selbst, geopfert. Das ist zunächst vielleicht etwas verwirrend, wenn wir aber wissen, dass Gott Jesus und Jesus Gott ist, macht es wiederum Sinn.

Untermauert wird dies durch Johannes 10,15–18, wo Folgendes geschrieben steht: »Gleichwie der Vater mich kennt und ich den Vater kenne; und ich lasse mein Leben für die Schafe. Und ich habe noch andere Schafe, die nicht aus dieser Schafhürde sind; auch diese muss ich führen, und sie werden meine Stimme hören, und es wird eine Herde und ein

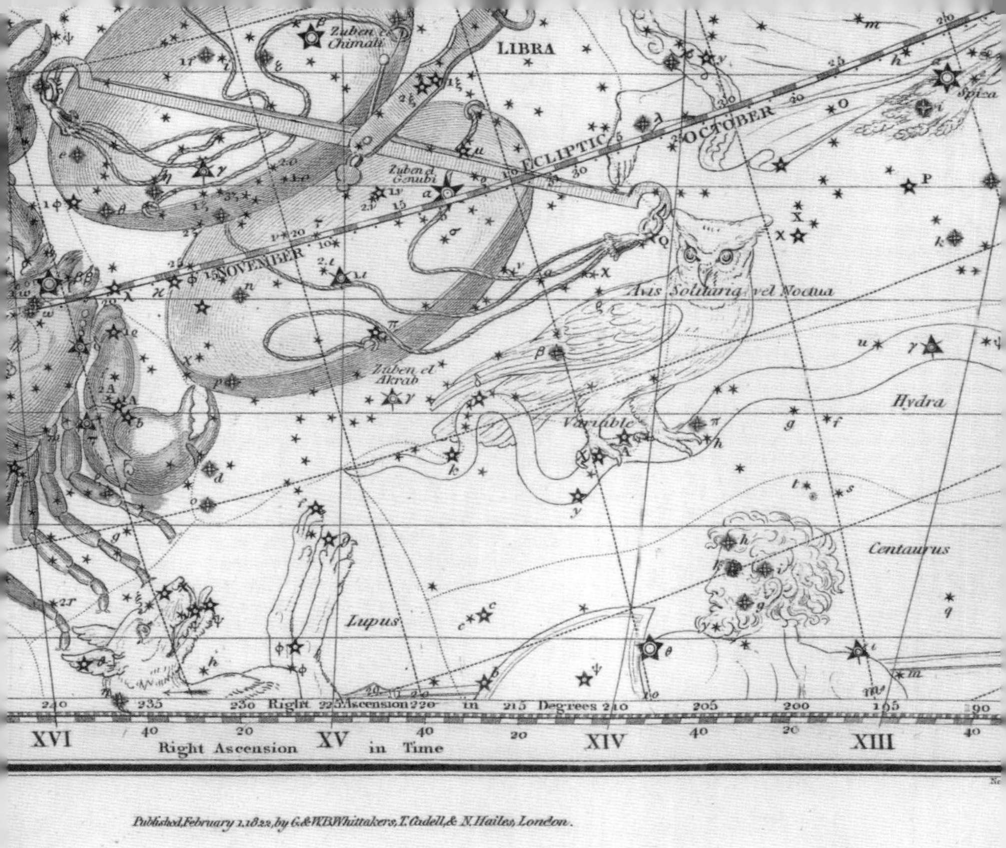

Hirte sein. Darum liebt mich der Vater, weil ich mein Leben lasse, damit ich es wieder nehme. Niemand nimmt es von mir, sondern ich lasse es von mir aus. Ich habe Vollmacht, es zu lassen, und habe Vollmacht, es wieder zu nehmen. Diesen Auftrag habe ich von meinem Vater empfangen.«

In Hebräer 9,26 lesen wir zudem: »Denn sonst hätte er ja oftmals leiden müssen von Grundlegung der Welt an. Nun aber ist er einmal offenbar geworden in der Vollendung der Weltzeiten zur Aufhebung der Sünde durch das Opfer seiner selbst.« Jesus hat sich selbst für uns hingegeben, damit wir in Gerechtigkeit vor Gott stehen können.

Corona

Die verliehene Krone

Philipper 2,9–10 besagt: »Darum hat ihn Gott auch über alle Maßen erhöht und ihm einen Namen verliehen, der über allen Namen ist, damit in dem Namen Jesu sich alle Knie derer beugen, die im Himmel und auf Erden und unter der Erde sind.« Gott krönt Jesus mit dem Namen, der über allen Namen steht. Dazu mit Herrlichkeit und Ehre, wie es Hebräer 2,9 sagt: »Wir sehen aber Jesus, der ein wenig niedriger gewesen ist als die Engel wegen des Todesleidens, mit Herrlichkeit und

Ehre gekrönt; er sollte ja durch Gottes Gnade für alle den Tod schmecken.«

Dazu lesen wir in Offenbarung 5,9, dass uns Jesus mit seinem Blut erkauft hat: »Und sie sangen ein neues Lied, indem sie sprachen: Du bist würdig, das Buch zu nehmen und seine Siegel zu öffnen; denn du bist geschlachtet worden und hast uns für Gott erkauft mit deinem Blut aus allen Stämmen und Sprachen und Völkern und Nationen.« Er hat das Gleichgewicht der Waage wiederhergestellt.

Auch hier überrascht es nicht, dass alle Übersetzungen etwas mit einer Krone zu tun haben. Auf Hebräisch heißt diese Konstellation *Atarah*, »die royale Krone«, auf Arabisch *Al Iklil*, »ein Juwel«. Dazu kommt, dass der hellste Stern von Corona denn arabischen Namen *Al Fakka*, »das Leuchten«, trägt.

Libra, die Waage, erzählt uns zusammengefasst dies:

Durch das Kreuz (Crux), wurde das Tier (Lupus) getötet und das Gleichgewicht (Libra) zwischen den Menschen und Gott wiederhergestellt. Und Gott gab Jesus die himmlische Krone (Corona) für sein Opfer.

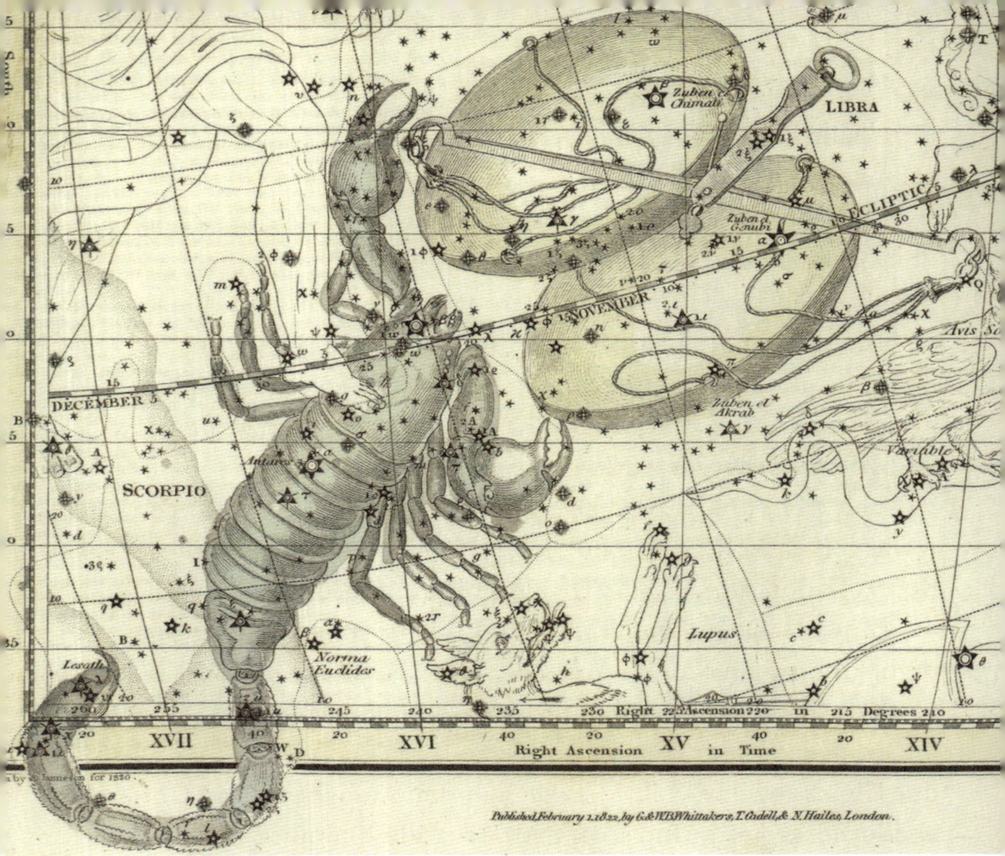

Scorpio, der Skorpion

Der Stechende – Der Stechende wird besiegt

In 1. Mose 3,15 lesen wir: »Und ich will Feindschaft setzen zwischen dir und der Frau, zwischen deinem Samen und ihrem Samen: Er wird dir den Kopf zertreten, und du wirst ihn in die Ferse stechen.«

Der Skorpion steht unter anderem für die Rebellion der Menschen und des Bösen. Die Sternenkette, die rund um das Sternbild des Skorpions zu sehen ist, wird *Serpens* genannt. Das ist Lateinisch und heißt übersetzt »Schlange«. Sie steht als Bild für den geistlichen Kampf, und zwar den Kampf, den Jesus am Kreuz für uns ausgefochten hat, denn der Stachel durchbohrte Jesu Füße am Kreuz.

Auch hier haben wir verschiedene Übersetzungen, die uns ein klares Bild dieses Sternbildes vermitteln. Der koptische Name lautet *Isidis*, »Angriff des Feindes«. Der hebräische Name ist *Akrab*, »der Konflikt«. Und der arabische ist *Al Akrab*, was so viel wie »der Verwundete, der da kommt« bedeutet.

Der hellste Stern im Herzen des Skorpions trägt den arabischen Namen *Antares*, der »verwundet« bedeutet. Im Lateinischen wird er als *cor scorpii* bezeichnet, weil er das Herz des Skorpions markiert. Dieser Stern leuchtet unheilvoll rötlich.

In Hesekiel 2,6 steht: »Du aber, Menschensohn, fürchte dich nicht vor ihnen, und fürchte dich auch nicht vor ihren Worten, wenn sie auch wie Disteln und Dornen gegen dich sind und du unter Skorpionen wohnst. Fürchte dich nicht vor ihren Worten und erschrick nicht vor ihrem Angesicht; denn sie sind ein widerspenstiges Haus.«

Durch die gesamte Bibel hindurch ist dieser Stachel anzutreffen, der versucht, den Verheißenen zu stechen und ihn zu Fall zu bringen. Bestes Beispiel: Als Jesus geboren wurde, versuchte Herodes, alle Kleinkinder zu töten, damit sich die Verheißung nicht erfüllen würde. Alle Ehre sei Gott, der Skorpion wurde ein für alle Mal besiegt.

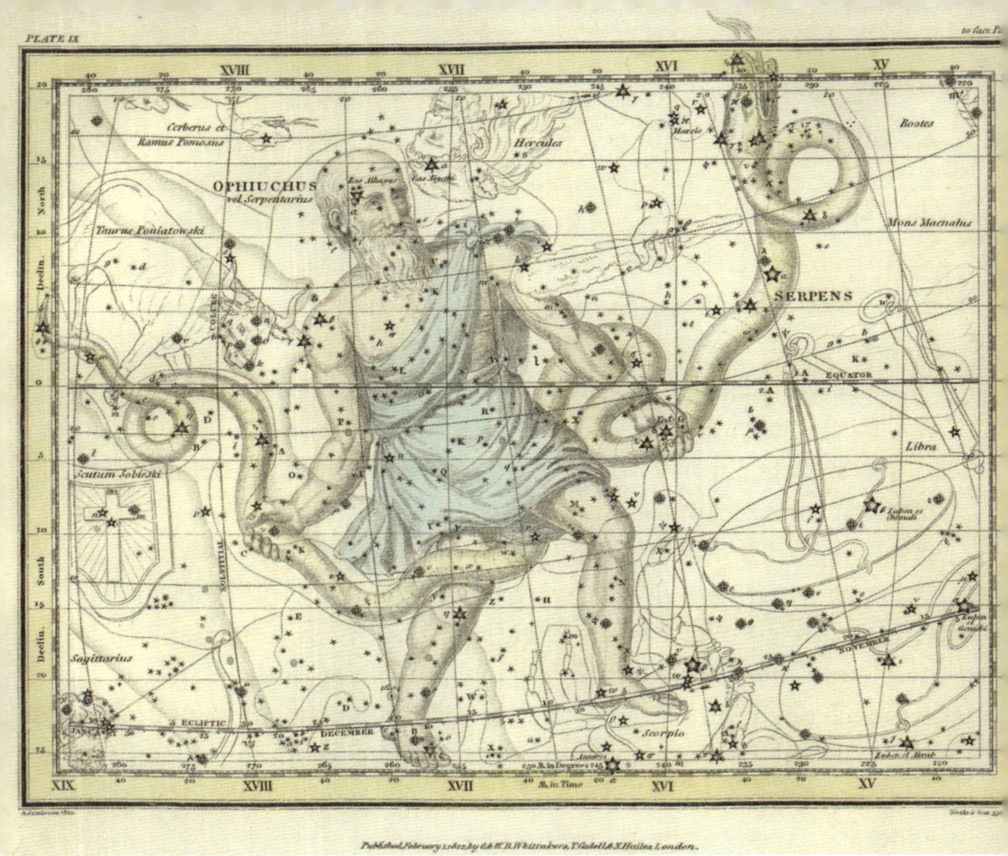

Ophiuchus und Serpens, der Schlangenträger und die Schlange

Der, welcher die Schlange festhält

Die beiden nächsten Sternkonstellationen Ophiuchus und Serpens müssen gemeinsam betrachtet werden, weil sie ineinander verflochten sind.

Wir sehen einen Mann, der eine Schlange festhält, die sich nach der Krone ausstreckt. Der Mann steht zugleich auf dem Herz des Skorpions oder tritt den Skorpion mit Füßen.

Das Bild einer Schlange, die sich die Krone nehmen möchte, sehen wir schon im Paradies, bei Adam und Eva. War es nicht eine Schlange, die Eva davon überzeugte, sich eine verbotene Frucht zu nehmen?

In 1. Mose 3,1 ist zu lesen: »Aber die Schlange war listiger als alle Tiere des Feldes, die Gott der HERR gemacht hatte; und sie sprach zu der Frau: Sollte Gott wirklich gesagt haben, dass ihr von keinem Baum im Garten essen dürft?«

Ophiuchus und Serpens zeigen uns also das Streben der Schlange nach der göttlichen Krone, die sie sich durch den Tod Jesu am Kreuz erhoffte. Wir wissen jedoch, dass es anders kam, als die Schlange es sich erhoffte. Halleluja!

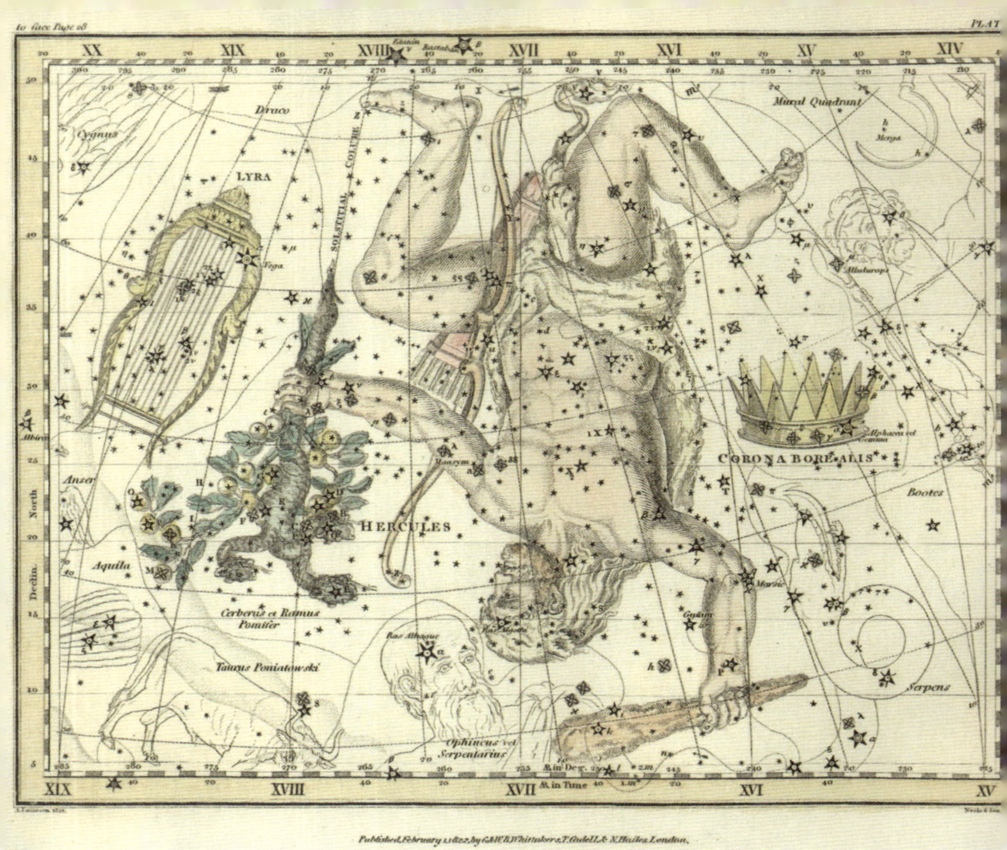

Herkules

Der mächtige Bezwinger

Wer kennt Herkules nicht? Auch bekannt als der griechische Gott Herakles, der schon im Kleinkindalter eigenhändig zwei Schlangen erwürgte und der unzählige Monster und Kreaturen bezwang. Er wird als mächtig, stark und unbesiegbar dargestellt. Er bezwang unter anderem den nemeischen Löwen, dessen Fell ihn unverwundbar machte, und die neunköpfige Hydra. Er pflückte sogar die goldenen Äpfel der Hesperiden.

Kommt uns dies alles nicht bekannt vor? Lassen wir das mal so stehen und konzentrieren uns auf das Sternbild.

Das Sternbild zeigt einen Krieger, der ein Löwenfell umgebunden hat. In der linken Hand hält er eine dreiköpfige Schlange. In der erhobenen rechten Hand hält er eine Keule, als wolle er damit auf die Schlange einschlagen. Die dreiköpfige Schlange weist auf die drei Nationen hin, die Israel zerstören: Ägypten, Assyrien und Babylon. Aber zurück zum Helden. Er wird auch *Bau* genannt, was übersetzt »der Kommende« bedeutet.

Auch die Sterne und ihre Namen zeigen uns, wer dieser Herkules wirklich ist. Der hellste Stern in seinem Kopf heisst *Ras Algethi*, »Kopf dessen, der zerquetscht«. Der zweite Stern im rechten Arm trägt den Namen *Kornephorus* und bedeutet »der Weinstock« oder »kniend«. Ein weiterer Stern, im linken Arm, wird *Ma'asyn* genannt, »das Sühneopfer«. Im rechten Unterarm liegt der Stern *Caiam* oder *Guiam*, was so viel heißt wie »Bestrafung« oder auf Arabisch »mit Füßen treten«.

Herkules ist ein Bild für Jesus, der den Stachel des Todes umkehrte, den Kopf der Schlange zertrat und sie so besiegte.

Sagittarius, der Schütze

Der Triumph des Erlösers

Lesen wir zu Beginn Jesaja 49,2–3: »Er hat meinen Mund gemacht wie ein scharfes Schwert; er hat mich im Schatten seiner Hand geborgen und mich zu einem geschärften Pfeil gemacht; er hat mich in seinem Köcher versteckt. Und er sprach zu mir: Du bist mein Knecht, bist Israel, durch den ich mich verherrliche.«

Vergleicht man das Sternzeichen des Schützen der damaligen Zeit mit dem der heutigen Zeit, stellen wir fest, dass der

Körper des Schützen verschwunden ist und meist nur noch der Bogen abgebildet wird. Tatsächlich wird dieser Schütze aber als Zentaur dargestellt. Dieses Mischwesen hatten wir doch schon einmal? Richtig, im Sternbild der Jungfrau: das verschmähte Sündopfer, Jesus Christus. Auch im Sternbild Schütze verkörpert der Zentaur die Person Jesus. Denn Jesus hat den Stechenden besiegt. Das Kommen des Samens und dessen Triumph am Kreuz. Denn in Kolosser 2,15 steht: »Als er so die Herrschaften und Gewalten entwaffnet hatte, stellte er sie öffentlich an den Pranger und triumphierte über sie an demselben.«

In Psalm 45,2–7 lesen wir: »Mein Herz fließt über mit einem lieblichen Lied. Ich sage: Meine Gedichte sind für den König bestimmt, meine Zunge ist der Griffel eines gewandten Schreibers. Du bist schöner als die Menschenkinder; Gnade ist ausgegossen über deine Lippen; darum hat Gott dich gesegnet auf ewig. Gürte dein Schwert an die Seite, du Held, deine Majestät und deine Pracht! In deiner Pracht fahre siegreich einher für die Sache der Wahrheit, der Sanftmut und Gerechtigkeit, und deine Rechte lehre dich furchterregende Taten! Deine Pfeile sind scharf, sie unterwerfen dir die Völker; sie dringen ins Herz der Feinde des Königs. Dein Thron, o Gott, bleibt immer und ewig; das Zepter deines Reiches ist ein Zepter des Rechts!«

Wir sehen den Schützen in Offenbarung 6,2: »Und ich sah, und siehe, ein weißes Pferd, und der darauf saß, hatte einen Bogen; und es wurde ihm eine Krone gegeben, und er zog aus als ein Sieger und um zu siegen.«

Der hebräische und der syrische Name lautet *Kesith* und bedeutet »Bogenschütze«. Der arabische Name *Al Kaus* bedeutet »der Pfeil«. Der koptische Name ist *Pimaere*, »die

Gnade«. Im Griechischen ist es *Toxotes*, »der Bogenschütze«; dieselbe Bedeutung hat auch das lateinische *Sagittarius*. Wichtig ist auch der Name des hellsten Sterns im Sternbild des Schützen: Er lautet *Naim* und bedeutet »der Gnädige«. Zusammengefasst haben wir hier das Bild des gnädigen Schützen.

Das moderne Symbol des Schützen besteht übrigens aus einem stilisierten Bogen, der deutlich als Kreuz zu erkennen ist, und einem aufgelegten Pfeil.

Lyra, die Harfe

Lieder werden für den Besieger bereitet

Das Sternbild Lyra wird als Harfe und als Adler dargestellt. Ein wenig verwirrend, nicht wahr? Jedoch nicht, wenn man es unter dem Aspekt betrachtet, dass der Adler der natürliche Feind der Schlange ist und gottverehrender Worship oder Lobgesang der geistliche Feind des Teufels.

In Offenbarung 5,13 (NGÜ) steht: »Und alle Geschöpfe im Himmel, auf der Erde, unter der Erde und im Meer – alle Geschöpfe im ganzen Universum – hörte ich mit einstimmen und rufen: ›Anbetung, Ehre, Ruhm und Macht für immer und ewig dem, der auf dem Thron sitzt, und dem Lamm!‹«

Wir lesen immer wieder, dass jene, die Gott rühmen und ehren, es von Lobpreis und Worship begleitet tun. Die Psalmen sind voll mit Liedern und Gesängen. Zum Beispiel Psalm 21,2: »O HERR, der König freut sich in deiner Kraft, und wie frohlockt er so sehr über dein Heil!«. Und in Vers 14 steht: »Erhebe dich, HERR, in deiner Kraft, so wollen wir deine Stärke besingen und preisen!«

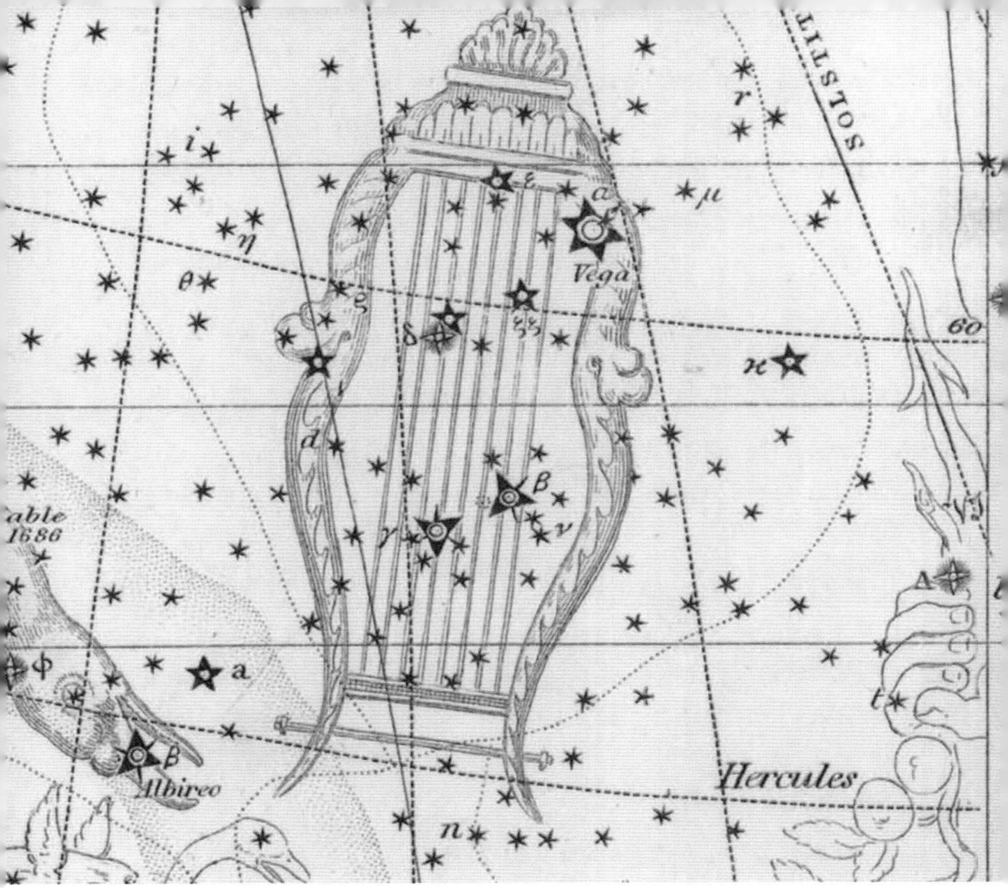

Der hellste Stern im Sternbild Lyra heisst *Vega*. Vega bedeutet übersetzt »er soll erhaben sein«. Er trägt den arabischen Namen *an-Nasr al-W*āqi und bedeutet »herabstoßender Adler«. Vega ist der hellste Stern des Nordhimmels.

Ara, der Altar

Verzehrendes Feuer, das für seine Feinde bereitsteht

Das Sternbild von Ara zeigt einen brennenden Altar. Dieser Altar wird auch in den Psalmen besungen. In Psalm 21,9–10 lesen wir: »Deine Hand wird alle deine Feinde finden; deine Rechte wird die finden, welche dich hassen. Du wirst sie machen wie einen feurigen Schmelzofen zur Zeit deines Erscheinens! Der HERR wird sie verschlingen in seinem Zorn, das Feuer wird sie fressen.«

Auf Arabisch hat Ara den Namen *Al Mugamra*, was so viel bedeutet wie »die Erfüllung« oder »die Vollendung«. Die Griechen benutzten das Wort *Ara* manchmal im Sinne von »beten«, häufiger aber im Sinne von »verwünschen« oder »verfluchen«.

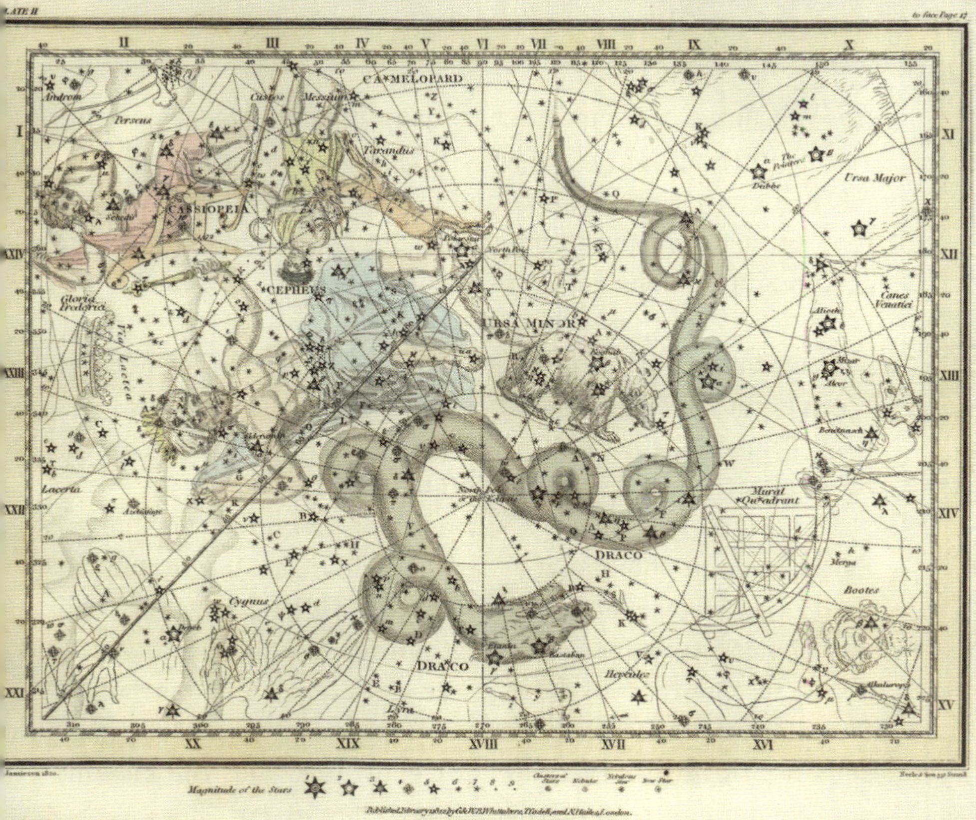

Draco, der Drache

Die alte Schlange, die aus dem Himmel gestoßen wurde

Draco wird als Drache dargestellt. Viele Kulturen haben Drachen in ihren Erzählungen. Wir müssen nicht unbedingt nach China oder Japan reisen, wo Drachen als Zeichen des Schutzes und langen Lebens dienen. Auch hier bei uns, im deutschsprachigen Raum, gibt es Fabeln und Erzählungen von Drachen, wie beispielsweise die Nibelungensage des Drachentöters Siegfried.

Aber zurück zu diesem Drachen, der alten Schlange, also dem Teufel. In Jesaja 27,1 lesen wir: »An jenem Tag wird der HERR mit seinem harten, großen und starken Schwert den Leviathan heimsuchen, die flüchtige Schlange, ja, den Leviathan, die gewundene Schlange, und er wird das Ungeheuer töten, das im Meer ist.«

Betrachten wir die Sterne von Draco genauer. Der hellste Stern heißt *Thuban* und das bedeutet auf Hebräisch »der Subtile«. Er bildete einst den Polarstern. Ein sehr wichtiger Stern für die Seefahrt und zur Navigation.

Der Stern in seinem Kopf, der auf Hebräisch *Rastaban* heisst, bedeutet übersetzt »Kopf der Schlange«. Interessanter wird es im Arabischen, wo der Stern *Al Waid* genannt wird, was so viel heißt wie »der, der besiegt werden muss«.

Wir sind nun am Ende der ersten vier Sternbilder angelangt. Sie zeigen uns ein klares Bild von Jesus, unserem Erlöser, und seinem Erlösungswerk. Von der Geburt über den Tod bis hin zur Wiederauferstehung haben wir alles in nur vier Sternbildern gesehen. Ist unser Gott nicht wunderbar? Er überrascht uns immer wieder aufs Neue mit nicht bekannten und doch von alters her vorhandenen Dingen.

Alle Ehre gebührt Jesus.

Capricornus, der Steinbock

Der für die Erlösten erschlagene Sühnebock

Der Steinbock wird im Dendera-Zodiak als halb Bock und halb Fisch dargestellt. Wir haben jetzt schon viele interessante Darstellungen und Mischwesen gesehen. Nun also ein Bock mit Fischschwanz? Aber sei gewiss – auch diese verblüffende Offenbarung wird dich aus den Socken hauen.

Wenn wir den Bock genauer betrachten, sehen wir keinen stehenden oder laufenden Bock. Er kauert am Boden und neigt seinen Kopf in einer Weise, als solle er geschlachtet werden.

So wie es in 3. Mose 16,8–9 beschrieben wird. Dort steht: »Und Aaron soll Lose werfen über die beiden Böcke, ein Los ›Für den HERRN‹ und ein Los ›Für die Verwendung als Sündenbock‹. Und Aaron soll den Bock herzubringen, auf den das Los ›Für den HERRN‹ fiel, und ihn als Sündopfer opfern.«

Auch in 3. Mose 16,21 lesen wir vom Bock: »Und Aaron soll seine beiden Hände auf den Kopf des lebendigen Bockes stützen und über ihm alle Schuld der Kinder Israels und alle ihre Übertretungen in allen ihren Sünden bekennen, und er soll sie dem Bock auf den Kopf legen und ihn durch einen Mann, der bereitsteht, in die Wüste fortschicken.«

Der Steinbock ist ein Zeichen für das erste Kommen Jesu. Das Sternbild zeigt ein sterbendes Tier und das Ziegenopfer in Israel.

Also noch einmal zurück zum Bock mit dem Fischkörper. Der Fisch, das werden wir später noch sehen, steht für die Gemeinde. Wenn wir dies nun alles zusammenfügen, steht der Bock für das Opfer, das Jesus selbst erbrachte, und der Fisch für die Gemeinde, welcher das Opfer am Kreuz gegolten hat. Jesus wurde für uns hingegeben, damit wir ewiges Leben erhalten – Halleluja.

Auch hier sprechen die Sterne ihre eigene Sprache. Der hellste Stern, *Algedi*, dessen Name im Arabischen und Hebräischen »das Ziegenböckchen« oder »abgeschnitten« bedeutet, sitzt im Horn des Steinbocks. *Deneb Algedi* wiederum ist auf der Fischseite des Sternbildes und heißt übersetzt »das Opfer kommt«.

Sagitta, der Pfeil

Der ausgesandte Pfeil Gottes

Der Pfeil steht ohne Bogen am Firmament, als wäre er abgeschossen worden. Aber wer hat ihn abgeschossen und auf wen zielt er? Dieser Pfeil ist nicht als der Pfeil des Schützen zu verstehen, denn dieser liegt noch im Bogen, vielmehr handelt es sich um einen Pfeil, der gegen die Feinde Gottes verschossen wurde. Er wurde für den Sohn Gottes abgeschossen.

In Psalm 38,2–3 schreibt König David Folgendes: »Herr, bestrafe mich nicht in deinem Zorn und weise mich nicht zurecht, solange du aufgebracht bist! Denn deine Pfeile sind in mich eingedrungen, und deine Hand liegt schwer auf mir.«

Der hebräische Name dieses Sternbildes lautet *Sham* und bedeutet »zerstören«.

Aquila, der Adler

Der Geschlagene fällt

In der Konstellation von Aquila sieht man einen vom Himmel fallenden Adler, der den Tod Jesu am Kreuz versinnbildlicht. Wie zuvor bei Sagitta, scheint es, als wäre der Adler vom Pfeil getroffen worden. Psalm 38,11 sagt: »Mein Herz pocht, meine Kraft hat mich verlassen, mein Augenlicht ist fast erloschen.«

Die Sterne selbst zeigen es uns klar auf. Der hellste Stern im Nacken des Adlers, *Al Tair*, bedeutet »der Verwundete«. Die weiteren Sterne *Al Shain*, »der Leuchtende«, *Tarared*, »verwundet«, *Alcair*, »der Durchbohrte« und *Al Okal*, »an der Ferse verwundet«, zeigen klar, um wen es sich in diesem

Sternbild handelt. Jesus Christus, der Leuchtende, der am Kreuz verwundet und durchbohrt wurde, dessen Fersen ans Kreuz genagelt wurden.

Delphinus, der Delfin

Der Tote steht wieder auf

Das Sternbild Delphinus zeigt einen Fisch voller Lebendigkeit, mit emporgehobenem Kopf. Es steht direkt neben dem sterbenden Adler mit dem gesenktem Haupt. Was hat das nun wieder zu bedeuten, fragst du dich?

Jesus starb als Adler am Kreuz und stand nach drei Tagen wieder auf. Zwar nicht als Fisch, aber symbolisch gesehen gibt

es da noch einen anderen in der Bibel, der nach drei Tagen »wiederauferstand«. Kennst du die Geschichte von Jona? Jona 2,1 besagt: »Und der HERR entsandte einen großen Fisch, der Jona verschlingen sollte; und Jona war im Bauch des Fisches drei Tage und drei Nächte lang.« In seinem Auferstehungswerk sehen wir die Verbindung zwischen Jesus und dem Fisch, also mit Jona.

Wenn wir nun, um alles zusammenzufassen, die drei Bilder im Sternbild Steinbock kombinieren, sehen wir den sterbenden Bock, den fallenden Adler und den lebendigen Fisch – ein Abbild des Erlösungswerks Jesu Christi am Kreuz. Er starb, wurde abgenommen und ins Grab gelegt; und nach drei Tagen stand er zu neuem Leben auf. Halleluja!

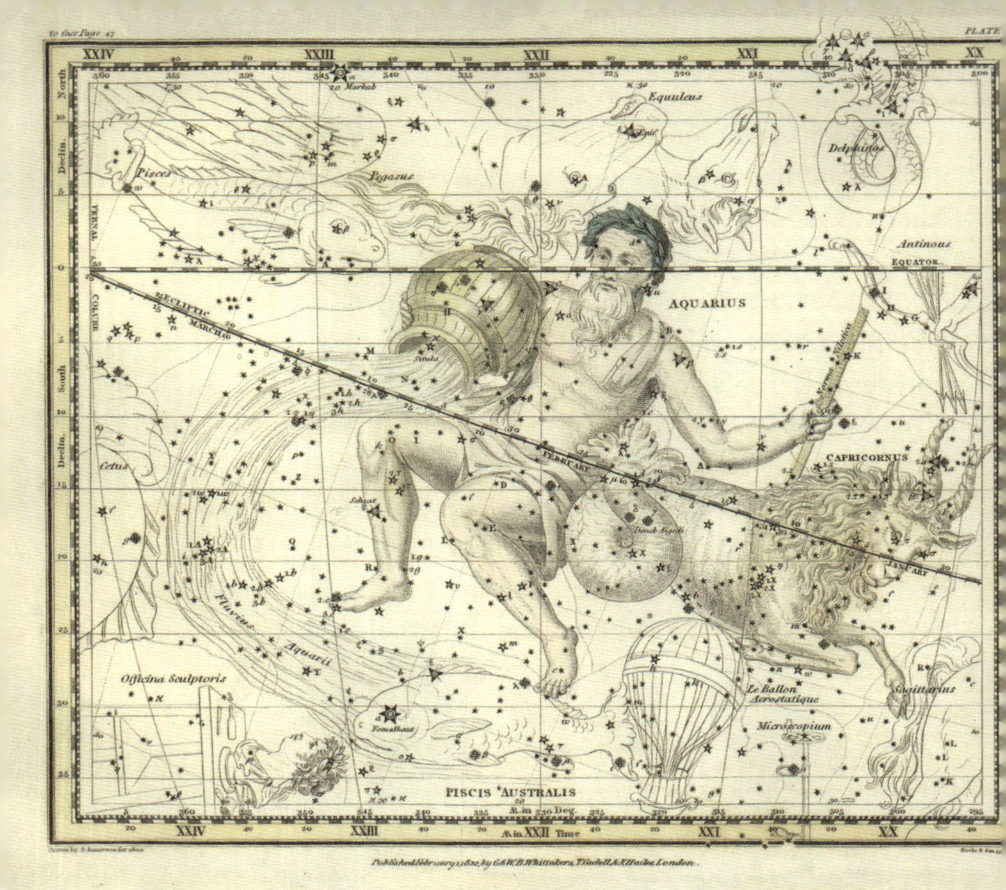

Aquarius, der Wassermann

Lebendiges Wasser – Der Wasserträger

Gleich neben dem geopferten Steinbock mit Fischkörper sitzt ein Mann mit einem Krug in seiner rechten Hand, aus welchem ein endloser Wasserstrom fließt. Sicherlich kennt jeder die Stelle in Johannes 7,38, in der es heißt: »Wer an mich glaubt, wie die Schrift gesagt hat, aus seinem Leib werden Ströme lebendigen Wassers fließen.« Somit sehen wir im Sternbild Wassermann Jesus, der den heiligen Geist ausgießt.

Im Dendera-Zodiak wird dieser sitzende Mann *Hupei Tirion* genannt, was übersetzt so viel wie »der Ort dessen, der herabkommt« bedeutet.

Nun zu den Sternen, die im Sternbild Wassermann zu sehen sind: Da ist *Sadalmelik*, »die Aufzeichnung des Ausgießens«, *Sadalsuud*, »jener, der geht und zurückkehrt« oder »der Ausgießende«. Der hellste Stern der Konstellation ist heute unter seinem hebräischen Namen *Scheat* bekannt. Übersetzt heißt auch dies »jener, der geht und zurückkehrt«.

In 4. Mose 24,7 lesen wir: »Wasser wird aus seinen Eimern fließen, und sein Same wird sein in großen Wassern. Sein König wird höher sein als Agag, und sein Reich wird erhöht sein.« Auch Jesaja spricht davon in Kapitel 32,1–2: »Siehe, ein König wird in Gerechtigkeit regieren, und Fürsten werden gemäß dem Recht herrschen; und ein Mann wird sein wie ein Bergungsort vor dem Wind und wie ein Schutz vor dem Unwetter, wie Wasserbäche in einer dürren Gegend, wie der Schatten eines mächtigen Felsens in einem erschöpften Land.« Er fährt fort in Kapitel 41,18: »Ich lasse Ströme hervorbrechen auf kahlen Höhen und Quellen inmitten der Täler; ich mache die Wüste zum Wasserteich und dürres Erdreich zu Wasserquellen.«

Noch klarer wird es in Jesaja 44,3.6: »Denn ich werde Wasser auf das Durstige gießen und Ströme auf das Dürre; ich werde meinen Geist auf deinen Samen ausgießen und meinen Segen auf deine Sprösslinge, so spricht der HERR, der König Israels, und sein Erlöser, der HERR der Heerscharen: Ich bin der Erste, und ich bin der Letzte, und außer mir gibt es keinen Gott.« Spätestens jetzt sollte jedem klar sein, wer hier sitzt und was er macht: Jesus, der lebendiges Wasser – den heiligen Geist – ausgießt.

Piscis Australis, der südliche Fisch

Die gewährten Segnungen

Der Fisch im Wasser. Wir haben ihn schon beim Sternbild des Wassermanns im Wasser schwimmen sehen. Seine Augen leuchten, und das hat auch seinen Grund.

Der Name des hellsten Sterns dieses Fisches, der zugleich das Auge markiert, lautet auf Arabisch *Fomalhaut*, »das Maul des Fisches«. Im Dendera-Zodiak wird dieser Fisch *Aar* genannt, was so viel bedeutet wie »ein Strom«.

In diesem Bild sehen wir den Ausgegossenen, also den Heiligen Geist. Für wen wurde er ausgegossen? Für die Gemeinde. Wodurch wurde die Gemeinde ursprünglich symbolisiert? Durch einen Fisch. Weitere Erklärungen erübrigen sich, meinst du nicht auch?

Pegasus, das geflügelte Pferd

Die Segnungen, die schnell kommen

Ein erhabenes Geschöpf am Firmament. Ein geflügeltes Pferd. Das wäre in früheren Zeiten sicher praktisch gewesen. Um Pegasus ranken sich unzählige griechische und römische Mythen. Aber wie wir ja schon gesehen haben, sind diese Mythen nur Kopien des göttlichen Originals. Halleluja!

Auch Pegasus' Sterne erzählen Gottes Geschichte. *Markab* heißt »Rückkehr aus der Ferne«, *Scheat* bedeutet »jener, der geht und wiederkehrt«, *Algenib* ist »jener, der trägt«, *Enif* »das Wasser« (arabisch)[3] und *Matar* »der den Überlauf verursacht«. Pegasus steht für den wiederkehrenden Messias, der geht und wiederkehrt.

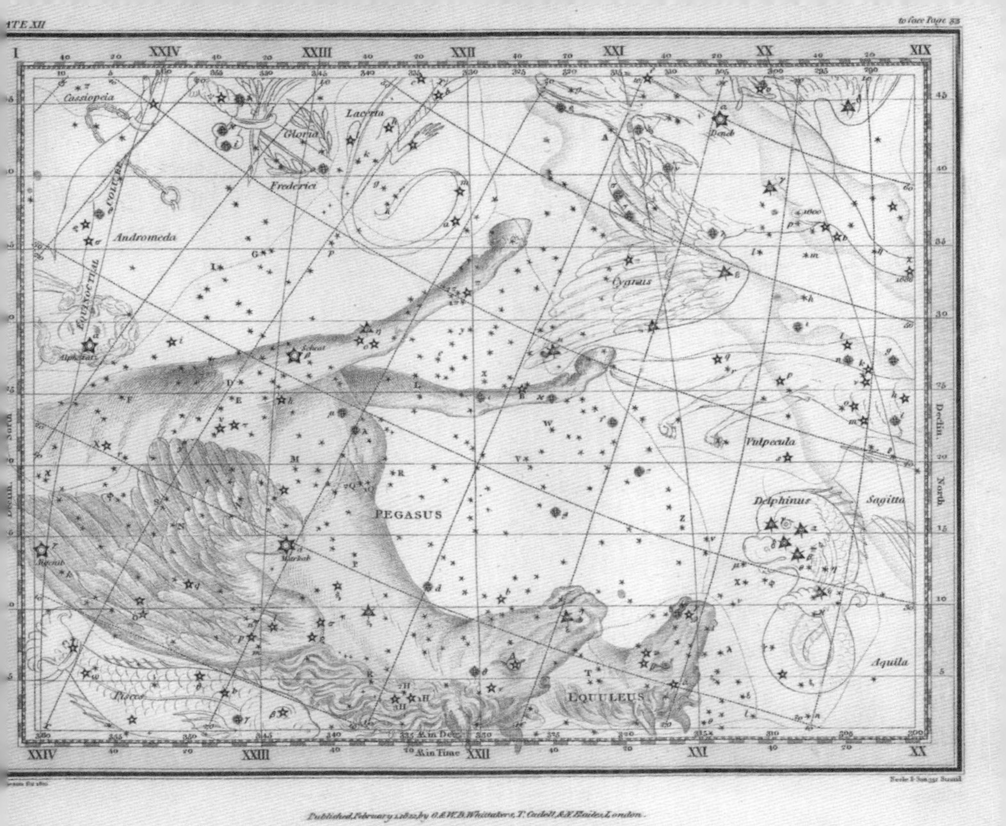

E. W. Bullinger schreibt in seinem Buch Folgendes zu Pegasus: »Er, der diese Segnungen für die Erlösten durch sein Sühnopfer vollbracht hat, kommt schnell, um sie zu bringen, und kehrt bald zurück, um sie über eine seufzende Schöpfung auszugießen.«[4]

Cygnus, der Schwan

Der Segnende kommt sicher zurück

Deneb Adige ist der hellste Stern in diesem Sternbild. *Deneb* bedeutet »der Richter«. *Adige* bedeutet »flieg schnell«. Somit weist er direkt auf den hin, der da kommt in Gerechtigkeit, um die Erde in Gerechtigkeit zu richten. Im Schnabel des Schwans entdecken wir den Stern *Albireo*, was auf Arabisch »schnell fliegen« bedeutet. Im Körper des Schwans befindet sich der Stern *Sadr*, was im Arabischen so viel heißt wie »der wie in einem Kreis zurückkehrt«. Dann haben wir noch die beiden

Sterne im Schwanz des Schwans mit Namen *Azel*, »jener, der geht und wiederkehrt« und *Fafage*, »herrlich leuchtend«.

Wir fassen kurz zusammen: Das gesamte Sternbild Wassermann bezieht sich auf die Ausgießung des Heiligen Geistes und der verheißenen Segnungen auf seine Erlösten. Halleluja!

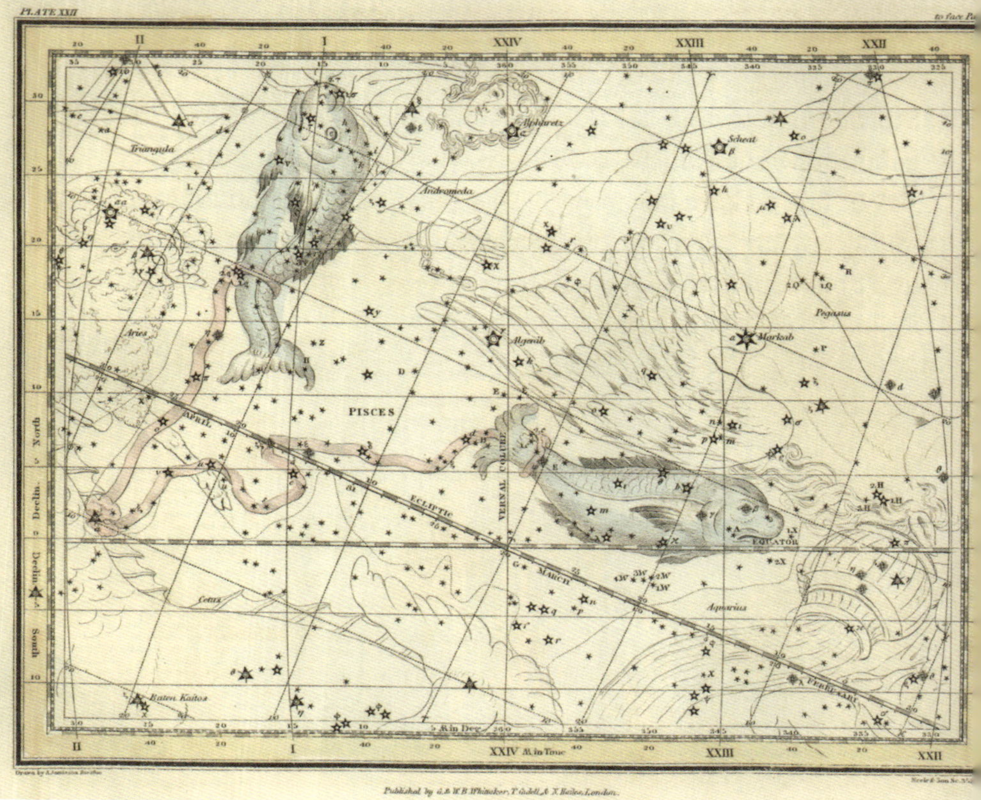

Pisces, die Fische

Die Segnungen der Erlösten in der Schwebe

Ein wiedergeborener Christ wird jetzt sagen: »Alles klar, ich weiß, was das ist. Ich kenne die Bedeutung des Fisches. Den haben viele Christen als Aufkleber auf ihrem Auto.«

Es mag schon so sein, dass der Fisch das Zeichen der Gemeinde ist und Jesus in Markus 1,17 folgende Anweisung gegeben hat: »Folgt mir nach, und ich will euch zu Menschenfischern machen!« Dennoch wirst du gleich überrascht sein, weil auch dieses Sternbild Unerwartetes zutage bringt.

Wir sehen im Sternbild zwei Fische, die durch ein Band miteinander verbunden sind, was sie daran hindert, auseinander zu schwimmen. Dieses Band besteht aus mehreren Sternen, darunter auch das Doppelsternsystem *Alrisha* direkt am »Knotenpunkt« des Bandes. Was es mit dieser Verbindung auf sich hat, werden wir gleich erkennen.

Schauen wir uns die Namen des Sternbildes Fische in den verschiedenen Sprachen an. Im Ägyptischen werden die beiden Fische *Pi-cot Orion* oder *Pisces Hori* genannt, was so viel heißt wie »die Fische dessen, der da kommt«. Hier sehen wir die erste Verbindung zwischen den Fischen und Jesus.

Das hebräische Wort für Fische lautet *dagim*. Das Wort *dagim* ist eng mit dem hebräischen Wort für »Scharen« verbunden. Wir finden es in 1. Mose 1,28: »Seid fruchtbar und mehrt euch«. Was hier mit »mehrt« übersetzt wird, ist das Wort *rābâh* und bedeutet im Hebräischen unter anderem »zu einer großen Schar werden«.

In Hesekiel 47,9 werden die beiden verbunden: »Und es wird geschehen: Alle lebendigen Wesen, alles, was sich dort tummelt, wohin diese fließenden Wasser kommen, das wird leben. Es wird auch sehr viele Fische geben, weil dieses Wasser dorthin kommt; und es wird alles gesund werden und leben, wohin dieser Strom kommt.«

Es wird also von Scharen von Fischen gesprochen. So auch in Jeremia 30,19: »Und ich werde sie mehren und nicht mindern, ich werde sie herrlich machen, und sie sollen nicht unbedeutend sein.«

Wir sehen also, dass es nicht nur die Christen sind, die hier dargestellt werden, sondern auch die Juden. Deshalb handelt es sich auch um zwei Fische und nicht nur um einen. Aus diesem Grund, und dies werden wir in der Erläuterung des

Bandes gleich sehen, sind die beiden auch miteinander verbunden. Was Israel und uns Christen miteinander verbindet, ist die Bibel und der Messias, Jesus Christus.

Alrischa, das Band

Die Erlösten gebunden, aber ihren Feind bindend

Das Band, welches die beiden Fische zusammenhält, war schon immer eine eigene Konstellation. Im Ägyptischen wird diese Konstellation *U-or*, »er kommt« genannt. Der Hauptstern Alrischa ist, wie bereits erwähnt, ein Doppelstern. Sein arabischer Name, *Al Rischa*, bedeutet »das Band« oder »Zaumzeug«.

Dies lesen wir auch in Hosea 11,4: »Mit menschlichen Banden zog ich sie, mit Seilen der Liebe; ich hob ihnen gleichsam das Joch auf vom Kinn und neigte mich zu ihnen, um ihnen Nahrung zu geben.«

Wie auf der Abbildung gut zu sehen ist, wird in diesem Sternbild auch von Israel, der Gebundenen, gesprochen.

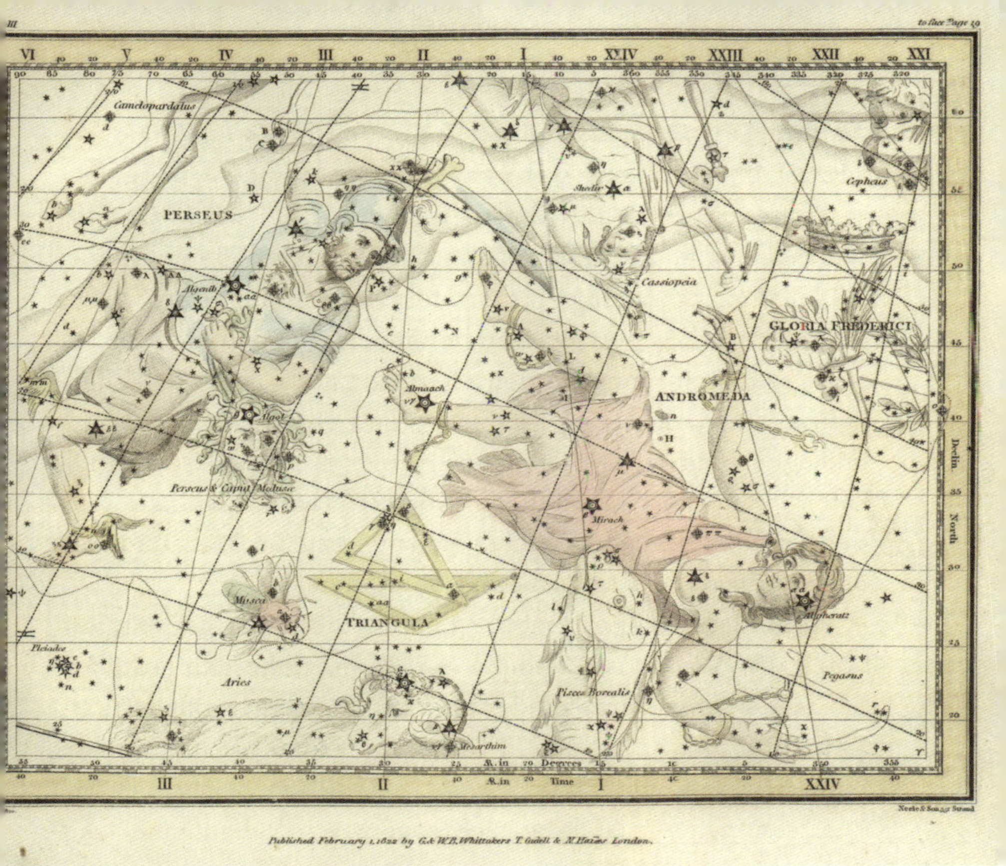

Andromeda, die gefesselte Frau

Die Erlösten in ihrer Knechtschaft und Bedrängnis

Wir sehen eine sitzende Frau, die in Ketten gelegt ist. Der Name der Frau im Dendera-Zodiak lautet *Set* und bedeutet »als Königin sitzend oder eingesetzt«. Im Hebräischen wird sie *Sirrah* genannt, »die Gefesselte«.

Ich glaube, wir wissen nun alle, von wem hier die Rede ist. Sirrah ist der hellste Stern im Sternbild Andromeda und trägt als Doppelstern noch einen zweiten Namen, nämlich *Alpheratz*, was im Arabischen »die Gebrochene« bedeutet.

Weitere Sterne heißen *Mirach*, »die Schwachen«, *Al Maach* oder *Al Amak*, was auf Arabisch »niedergeschlagen« bedeutet.

In Jesaja 54,11–14 lesen wir von ihr: »Du Elende, Sturmbewegte, die Ungetröstete! Siehe, ich will deine Steine in Bleiglanz legen und deine Grundfesten mit Saphiren bauen. Ich will deine Zinnen aus Rubinen machen und deine Pforten aus Karfunkeln und alle deine Grenzmauern aus köstlichen Steinen. Und alle deine Kinder werden vom HERRN gelehrt, und der Friede deiner Kinder wird groß sein. Durch Gerechtigkeit wirst du fest gegründet werden. Du wirst fern sein von Bedrückung, denn du brauchst dich nicht zu fürchten, und von Schrecken, denn er wird nicht zu dir nahen.«

Weiter lesen wir in Jesaja 52,1 den an diese Frau gerichteten Weckruf: »Wache auf! Wache auf! Zion, ziehe deine Stärke an! Ziehe deine Ehrenkleider an, Jerusalem, du heilige Stadt! Denn von nun an wird kein Unbeschnittener noch Unreiner mehr in dich hineinkommen.«

Zusammengefasst lässt sich sagen: Wir sehen hier Jesu Ablehnung durch das jüdische Volk.

Kepheus, der König

Der Erlöser kommt, um zu herrschen

Gottes Gnade ist so groß. Auch für die gefesselte Andromeda, die Tochter Zions, ist es nicht zu spät.

Wenn wir uns Kepheus genauer anschauen, sehen wir einen gekrönten und thronenden König. Sein Fuß steht auf dem Polarstern. Sein Name wurde aus dem Dendera-Zodiak abgeleitet. Dort wird er *Pe-Ku-Hor* genannt, was so viel bedeutet wie »dieser kommt, um zu herrschen«. Seinen griechischen

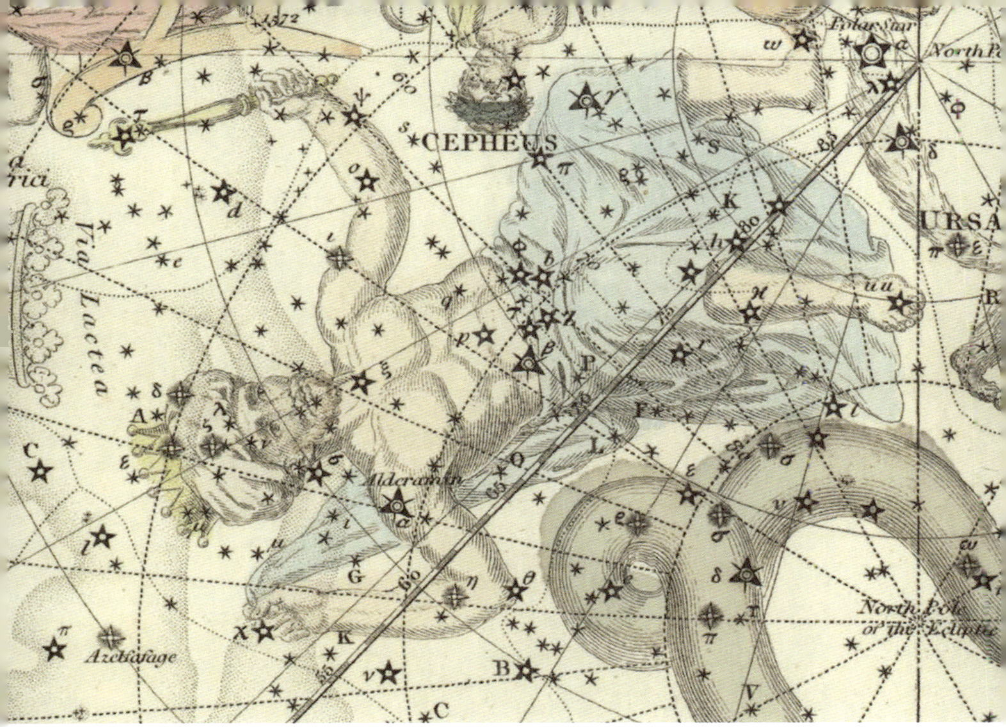

Namen *Cepheus* erhielt er erst später. Viel wichtiger als der Name selbst ist jedoch dessen Bedeutung. Kepheus bedeutet »der Weinstock«. Dies sehen wir auch klar in den Sternennamen von Kepheus. Da wären *Alderamin*, »komm schnell«, *Alfirk*, »der Erlöser« und *Errai*, »der, der zermalmt und zerschmettert«.

Gibt es ein Sternbild, das unseren Erlöser genauer beschreibt als Kepheus? Die Menge der staunenswerten Sternbilder ist aber noch nicht erschöpft, es bleibt also spannend.

Aries, der Widder

Die Segnungen der Erlösten vollendet und genossen

Der Widder wurde falsch übersetzt. Der hebräische Name lautet *Taleh* und der arabische *Al Hamal* – beide Namen bezeichnen ein Lamm und nicht einen Widder oder Schafbock. Aber wer wäre schon gerne im Sternbild Lamm geboren?

Im Dendera-Zodiak wird es uns noch klarer aufgezeigt, denn dort ist dieses Sternbild als Lamm abgebildet. Das ist gut zu erkennen, denn es trägt keine Hörner auf seinem Kopf; stattdessen sehen wir dort eine stilisierte Krone in Form eines

Kreises. Die Verwirrung kam über die Jahre und entstand durch die verschiedenen Übersetzungen. Zum Beispiel lautet der syrische Name des ersten Sterns *Amro* und kommt so auch im syrischen Neuen Testament in Johannes 1,29 vor, wo von dem Lamm die Rede ist: »Am folgenden Tag sieht Johannes Jesus auf sich zukommen und spricht: Siehe, das **Lamm** Gottes, das die Sünde der Welt hinwegnimmt!« Im Hebräischen finden wir an dieser Stelle das Wort *amnos*.

Der ursprüngliche Name war *Baraziggar*. *Bar* bedeutet »Altar« und *ziggar* bedeutet »gerecht machen«, was zusammengesetzt »das Opfer der Gerechtigkeit« bedeutet.

Wow! Wir sehen hier also nicht einen Widder, sondern das Opfer der Gerechtigkeit. Auch wenn die Übersetzung über die Jahre hinweg verändert wurde und das Bild sich geändert hat, so ist Gott doch größer und hat den Widder in der Bibel schon bereitstehen. Weißt du auch wo? Richtig, in 1. Mose 22,13: »Da erhob Abraham seine Augen und schaute, und siehe, da war hinter ihm ein Widder, der sich mit seinen Hörnern im Gestrüpp verfangen hatte. Und Abraham ging hin und nahm den Widder und brachte ihn als Brandopfer dar anstelle seines Sohnes.« Diese Stelle kennt so ziemlich jeder. Auch ist jedem bekannt, dass der Widder anstelle von Isaak geopfert wurde. So wie Jesus anstelle von uns für unsere Sünden geopfert wurde.

Ist es Zufall, dass dies so in der Bibel niedergeschrieben wurde?

Aber wir sind mit unserem Widder noch gar nicht fertig. Wenn wir die Sterne und deren Namen genauer anschauen, dann sehen wir ziemlich schnell, dass es sich hierbei um das Lamm in Offenbarung 5,12 handelt: »Die sprachen mit lauter Stimme: Würdig ist das Lamm, das geschlachtet worden ist, zu empfangen Kraft und Reichtum und Weisheit und Stärke und Ehre und Ruhm und Lob!«

Der *El Nath* oder *El Natik* genannte Hauptstern befindet sich im Kopf des Widders und bedeutet »verwundet«. Der Stern im linken Horn, *Al Sheratain*, bedeutet »der Zerschmetterte«.

Cassiopeia, die thronende Frau

Die Gefangene ist befreit und bereitet sich auf ihren Ehemann, den Erlöser, vor.

Im Sternbild sehen wir, wie sich eine Frau, Cassiopeia, auf ihrem Thron bereitmacht. Sie kämmt sich mit der linken Hand ihr Haar und zieht mit der rechten Hand ihr Kleid zurecht. Das Sternbild liegt zudem nahe bei Kepheus, dem König.

Im Arabischen wird sie *Ruchba*, »die Thronende« genannt. Dies ist auch die Bedeutung des chaldäischen Names *Dat al cursa.*

Interessant an diesem Sternbild ist seine Lage: Die fünf hellsten Sterne sind wie ein grosses »W« angeordnet, wodurch die Konstellation einer Krone sehr ähnlich sieht. Das würde auch die Namen der beiden Sterne *Schedir*, hebräisch für »die Befreite«, und *Caph*, hebräisch für »der Weinstock«, erklären.

Jesaja 54,5–8 beschreibt dies genau: »Denn dein Schöpfer ist dein Ehemann, HERR der Heerscharen ist sein Name; und dein Erlöser ist der Heilige Israels; er wird ›Gott der ganzen Erde‹ genannt. Denn wie eine Verlassene und im Geist bekümmerte Frau wird der HERR dich rufen, wie die Frau der Jugendzeit, wenn sie verstoßen ist, spricht dein Gott. Einen kleinen Augenblick habe ich dich verlassen; aber mit großer Barmherzigkeit werde ich dich sammeln. In überwallendem

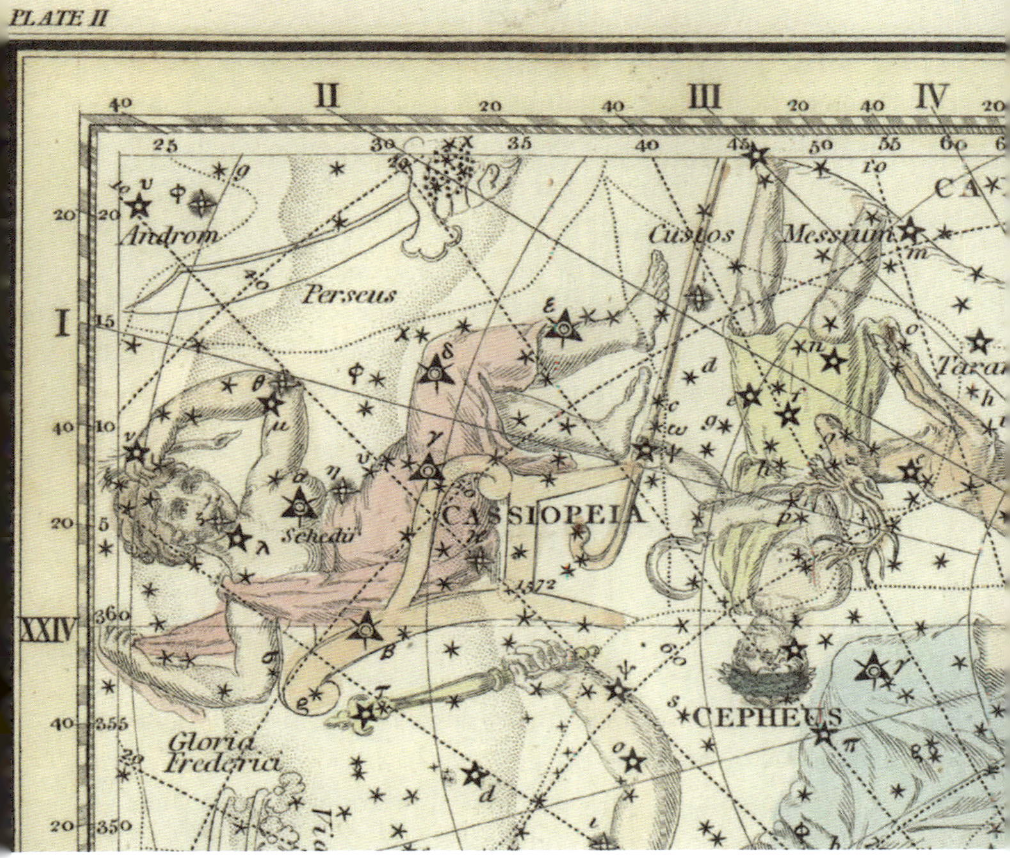

Zorn habe ich einen Augenblick mein Angesicht vor dir verborgen; aber mit ewiger Gnade will ich mich über dich erbarmen, spricht der HERR, dein Erlöser.«

Weiter lesen wir in Jesaja 62,3–5 Folgendes: »Und du wirst eine Ehrenkrone in der Hand des HERRN sein und ein königliches Diadem in der Hand deines Gottes. Man wird dich nicht mehr ›Verlassene‹ nennen und dein Land nicht mehr als ›Wüste‹ bezeichnen, sondern man wird dich nennen ›Meine Lust an ihr‹ und dein Land ›Vermählte‹; denn der HERR wird Lust an dir haben, und dein Land wird wieder vermählt sein.

Denn wie ein junger Mann sich mit einer Jungfrau vermählt, so werden deine Söhne sich mit dir vermählen; und wie sich ein Bräutigam an seiner Braut freut, so wird dein Gott sich an dir freuen.«

Welcher Vers würde da noch besser passen und mit Cassiopeia übereinstimmen als Epheser 5,25? Aber lies selbst: »Ihr Männer, liebt eure Frauen, gleichwie auch der Christus die Gemeinde geliebt hat und sich selbst für sie hingegeben hat.«

Cetus, das Meeresungeheuer

Der große Feind ist gebunden.

Nicht erschrecken vor dem Ungeheuer aus dem Meer. Es kann keinen Schaden zufügen, denn es wurde in Ketten gelegt, unterworfen und nach unten gestoßen. In diesem Satz sind drei der Sternenamen zusammengefasst: *Menkar*, »in Ketten«, *Diphda*, »nach unten gestoßen« und *Knem*, was im Dendera-Zodiak »unterworfen« bedeutet.

Wir lesen in Hiob 41,1–10 von diesem Ungeheuer: »Siehe, jede Hoffnung wird an ihm zuschanden; schon wenn einer ihn sieht, stürzt er zu Boden. Niemand ist so kühn, dass er ihn zu reizen wagt. – Wer ist denn, der vor mir bestehen könnte? Wer kann mir entgegentreten und ich lasse ihn unversehrt? Alles unter dem Himmel ist mein! Ich will nicht schweigen von seinen Gliedern, wie gross, wie mächtig und wohlgeschaffen er ist. Wer kann ihm den Panzer ausziehen, und wer darf es wagen, ihm zwischen die Zähne zu greifen? Wer kann die Tore seines Rachens auftun? Um seine Zähne herum herrscht Schrecken. Sein Rücken ist eine Reihe von Schilden, wie mit festem Siegel verschlossen. Einer reiht sich an den andern, dass nicht ein Lufthauch hindurchgeht. Es haftet einer am andern, sie schließen sich zusammen und lassen sich nicht trennen. Sein Niesen lässt Licht aufleuchten; seine Augen sind wie die Wimpern der Morgenröte.«

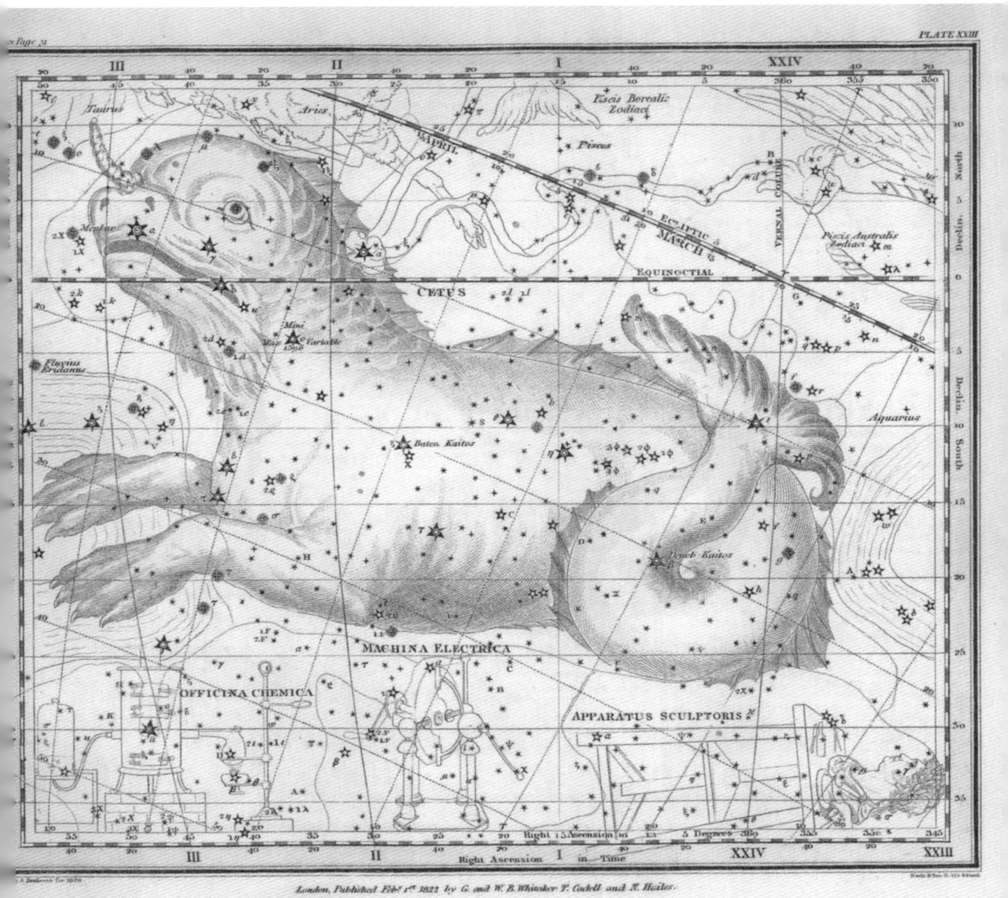

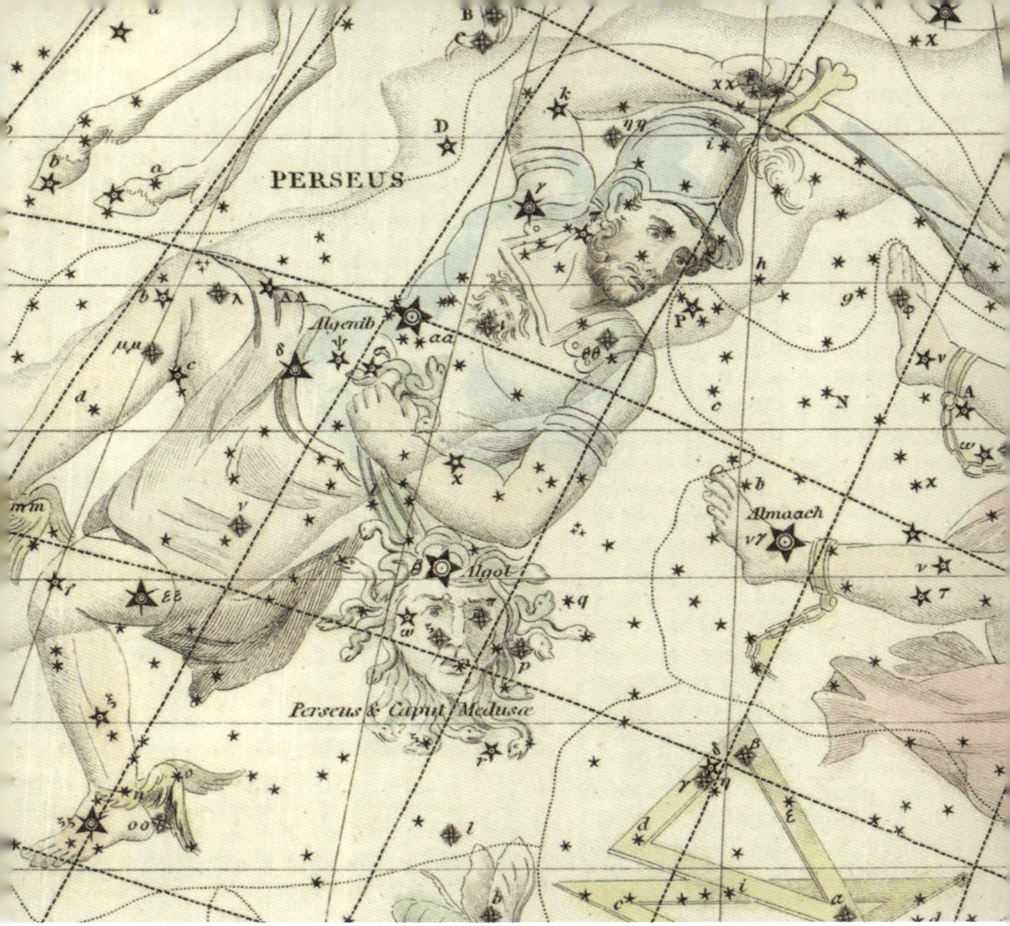

Perseus, der Durchbrecher

Der Durchbrecher, der die Seinen erlöst

Perseus kommt sehr schnell, denn er hat Flügel an seinen Schuhen; er hält ein Schwert in der einen und den Kopf seines Gegners in der anderen Hand. Auch hier sehen wir wieder die Pervertierung in der griechischen Mythologie. Laut ihr war Perseus der Sohn des Zeus, also Sohn des obersten olympischen Gottes, und er schlug den Kopf der Medusa ab.

Die Sternenamen sagen über Perseus aber einiges mehr aus, als es die griechische Mythologie vermag. Sehen wir es uns an. Im Dendera-Zodiak wird Perseus mit *Kar Knem* betitelt. Der Name steht für »jener, der kämpft und unterwirft«.

Wenn wir die Namen der Sterne jedoch genauer anschauen, dann sehen wir *Mirfak*, was »jener, der hilft« bedeutet. Oder *Al Genib*, was »jener, der wegträgt« heißt. Dann hätten wir da noch den hellsten Stern in seinem Fuß, sein Name ist *Athik*, was »jener, der durchbricht« bedeutet.

In Micha 2,13 lesen wir von genau diesem Durchbrecher: »Der Durchbrecher wird vor ihnen hinaufziehen; sie werden durchbrechen und zum Tor ein- und ausziehen; ihr König wird vor ihnen hergehen und der HERR an ihrer Spitze.«

Betrachten wir noch kurz den Stern *Algol*, der hellste Stern auf dem Kopf des Feindes. Er bedeutet »umherrollen«. Dieser Stern hat eine besondere Eigenschaft, denn er verändert sich alle 48 Stunden. Genau so, wie sich der Teufel immer wieder verändert.

In 1. Petrus 5,8 wird er ein brüllender Löwe genannt: »Seid nüchtern und wacht; denn euer Widersacher, der Teufel, geht umher wie ein brüllender Löwe und sucht, wen er verschlinge.«

Taurus, der Stier

Das kommende Gericht der Welt, der Messias

Der Stier verkörpert Stärke und Macht und steht als Symbol für die Auferstehung Jesu und seine Herrschaft. Im Ägyptischen steht der Stier für »den, der rettet«. Im Hebräischen geht die Bezeichnung für Stier, die am häufigsten verwendet wurde, nämlich *shur*, auf ein Wort zurück, das sowohl »kommen« als auch »herrschen« bedeutet. Der Stier steht für das zweite Kommen Jesu.

Der Stier im Sternbild zeigt sich in Angriffsstellung. Er hält den Kopf gesenkt, so als stürme er auf jemanden zu, um ihn aufzuspießen. Nicht nur die hebräische, sondern auch andere Übersetzungen dieser mächtigen Konstellation zeigen den Stier in seiner Eigenschaft als den, der kommt und regiert. Im Arabischen trägt er die Bezeichnung *Al Thaur*, im Griechischen *Tauros* und im Lateinischen *Taurus*.

Auch der Dendera-Zodiak zeigt den Akt des Stoßens oder des Herbeistürmens. Im Hebräischen steht das Sternbild für »den, der kommt«.

Auch hier sehen wir in den Sternenamen, wer genau da kommt. Der hellste Stern auf der Stirn des Stiers heißt *Al Deberan*, was »der Anführer« bedeutet. *El Nath*, der zweithellste Stern des Sternenbilds, bedeutet »verwundet«. Auch hier sehen wir wieder Jesus, den verwundeten Anführer. Außerdem zeigt das Sternbild auf, dass Jesus zuerst wie ein Jungstier geopfert werden musste, um dadurch die Herrschaft zu übernehmen.

Im Nacken des Stiers sehen wir eine der bekanntesten Konstellationen am Himmelszelt, die Plejaden. Die Plejaden erscheinen schon früh in der Bibel. Im Buch Hiob 9,9 werden sie genannt, ebenso in Amos 5,8. Im Buch Hiob steht: »Er machte den Großen Bären, den Orion und das Siebengestirn, samt den Kammern des Südens.« Im Buch Amos heißt es: »Der das Siebengestirn und den Orion gemacht hat, in Morgenlicht die Finsternis verwandelt und den Tag zur Nacht verfinstert, der das Wasser des Meeres ruft und es ausgießt über die Fläche der Erde: Jahwe ist sein Name!«

Wir sehen zwei große Sternhaufen im Sternbild des Stiers: Die Hyaden und die Plejaden.

Die Hyaden, deren Name »die Versammelten« bedeutet, repräsentieren diejenigen Gläubigen, die vor der Entrückung verstorben sind und in einem neuen Körper gemeinsam mit Jesus zurückkommen werden. Der Name der Plejaden geht auf die griechische Übersetzung eines hebräischen Wortes zurück, das »die Gemeinde des Herrschers« bedeutet. Zusammengenommen zeigt uns dies ein wunderbares Bild der Entrückung.

Orion, der kommende Prinz

Das Licht bricht im Erlöser hervor

Der Orion ist eine der bekanntesten Konstellationen am Himmelszelt. Fast jeder kennt den Namen, doch nur wenigen ist seine Bedeutung bekannt: »als Licht hevorkommend«. Sein eigentlicher Name war *Oarion*, was »Licht« bedeutet. Die Akkadier in der Antike nannten ihn *Uru-Anna*, was so viel wie »Licht des Himmels« bedeutet. Auch der Dendera-Zodiak kannte den Orion. Dort lautet sein Name *Ha-ga-t* und bedeutet »Das ist der, welcher triumphiert«.

Das alte Sternbild zeigt einen Krieger mit einer Keule in der rechten Hand und einem Löwenkopf in der linken. Du fragst dich, warum er einen Löwenkopf hält? Kennst du die Bibelstelle vom umhergehenden, brüllenden Löwen? Auch hier wieder sehen wir ein Bild des Besiegten. Zudem steht Orion auf Lepus, der als Bild den Teufel verkörpert. Es gibt aber noch weitere Details im Sternbild des Orion. Schauen wir genauer hin, erkennen wir in seinem Gürtel ein Schwert, dessen Griff die Form eines Lammkopfs hat, ein weiteres Symbol für das Lamm, das geopfert wurde.

Wenn wir uns die Namen der Sterne ansehen, wird schnell klar, wer Orion wirklich ist. Beginnen wir mit *Betelgeuze*, er befindet sich in der rechten Schulter und bedeutet »das Kommen des Sprosses«. Der Stern *Rigel*, der hellste Stern, ist im linken Fuß des Orion, und sein Name bedeutet »der Fuß, der zerstampft«. In der Schulter liegt der Stern *Bellatrix*, was »der schnell kommt« heißt. Im Gürtel des Orion sehen wir *Al Nitak*, »der Verwundete«.

Auch an den verschiedenen Namen des Orion lässt sich deutlich ablesen, wen er verkörpert. Aus dem Arabischen: *Al Giauzâ*, »der Spross«, *Al Gebor*, »der Mächtige«, *Al Mirzah*, »der Herrscher«, *Al Nagjed*, »der Prinz«. Aus dem Chaldäischen: *Niphla*, »der Mächtige« und aus dem Hebräischen: *Nux*, »der Starke«.

Man kann nur staunen – was für ein herrliches Bild unseres Erlösers und seines zweiten Kommens!

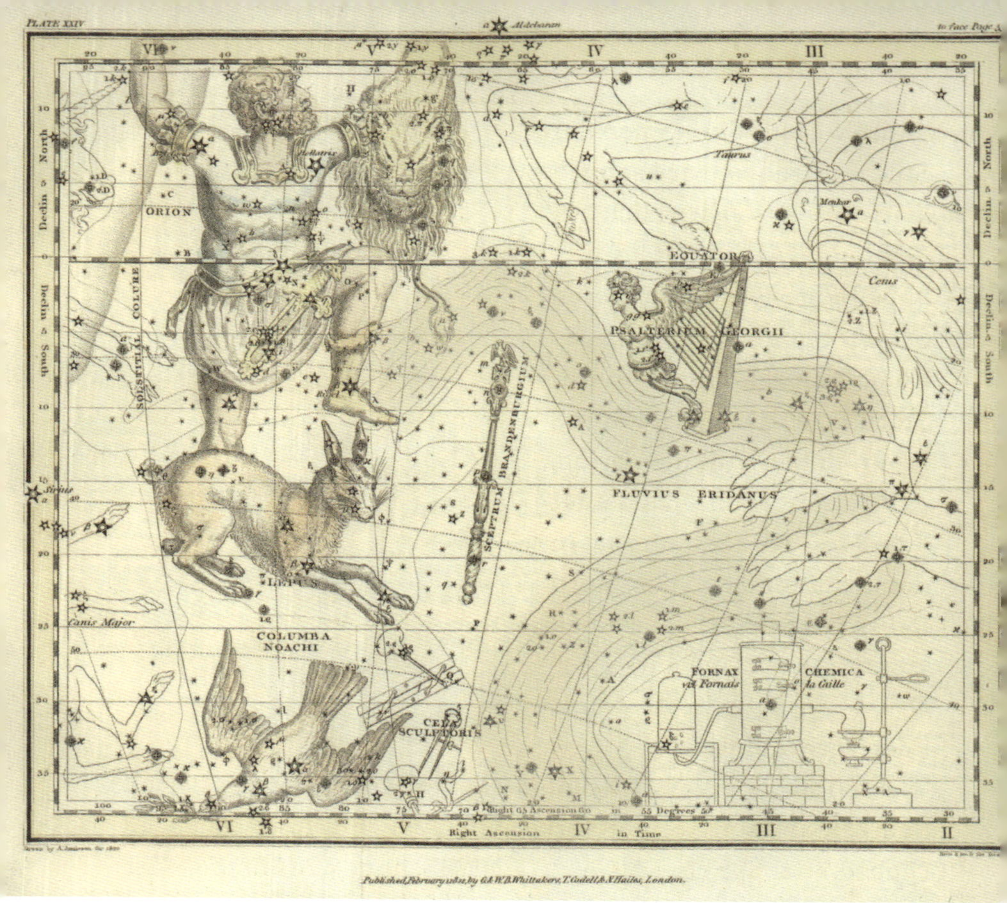

Eridanus

Der Fluss des Gerichts

Der Fluss Eridanus beginnt im Fuß des Orion und fließt am Meeresungeheuer Cetus vorbei. Es scheint, als versuche es, den Fluss aufzuhalten. Cetus kann den Fluss des Gerichts jedoch nicht aufhalten und wird in den Feuersee geworfen.

Die Sternenamen im Eridanus zeigen, dass es sich um ein fließendes Gewässer handelt. *Acherna* bedeutet »hinterer Teil des Flusses«, also das Ende des Flusses. *Cursa*, an der Quelle des Flusses, bedeutet »niederbeugen« und *Zourac*, aus dem Arabischen, steht für »fließen«. Alles zusammengefasst zeigt sich dieses Bild: Jeder beugt sich bis zum Ende vor seinem fließenden Wasser.

Daniel sprach von diesem Fluss. In Daniel 7,9–11 (HFA) lesen wir: »Während ich noch schaute, wurden Thronsessel aufgestellt. Der von alters her ist, setzte sich auf einen von ihnen. Sein Gewand war weiß wie Schnee und sein Haar so hell wie reine Wolle. Sein Thron stand auf Rädern aus Feuer und war von Flammen umgeben, ja, ein ganzer Feuerstrom ging von ihm aus. Tausende und Abertausende von Engeln, eine unzählbare Menge, standen vor ihm und dienten ihm. Nun trat ein Gericht zusammen, und Bücher wurden geöffnet. Ich schaute wieder auf das Horn, das so selbstgefällig daherredete. Plötzlich wurde das Tier, zu dem es gehörte, getötet und ins lodernde Feuer geworfen.«

Auch in Psalm 97,3–6 wird vom Feuerfluss gesprochen, hier sogar in Zusammenhang mit dem Evangelium am Himmel: »Feuer geht vor ihm her und verbrennt seine Feinde ringsum. Seine Blitze erleuchten den Erdkreis; die Erde sieht es und erschrickt. Die Berge zerschmelzen wie Wachs vor dem HERRN, vor dem Herrscher der ganzen Erde. Die Himmel verkünden seine Gerechtigkeit, und alle Völker sehen seine Herrlichkeit.«

Im 2. Thessalonicher 1,7–8 (HFA) steht geschrieben: »Er wird eure Not beenden, und auch wir werden nicht länger leiden müssen, wenn Jesus, der Herr, für alle sichtbar erscheinen wird. Er wird mit seinen mächtigen Engeln vom Himmel kommen, umgeben von loderndem Feuer. Dann wird sein Urteil alle treffen, die von Gott nichts wissen wollen und die rettende Botschaft von Jesus, unserem Herrn, ablehnen.«

Und vom Wasserstrom ist auch in Jesaja 30,27–29 die Rede: »Siehe, der Name des HERRN kommt von ferne! Sein Zorn brennt, mächtiger Rauch steigt auf; seine Lippen sind voll Grimm und seine Zunge wie ein verzehrendes Feuer, und sein Atem ist wie ein überschwemmender Wasserstrom, der bis an den Hals reicht, dass er die Nichtigkeit der Heiden durch das Sieb erweise und an die Kinnbacken der Völker den irreführenden Zaum lege. Ihr aber werdet singen wie in der Nacht, da man sich für ein Fest heiligt, und ihr werdet von Herzen fröhlich sein wie die, welche unter Flötenspiel hinaufziehen, um auf den Berg des HERRN zu kommen, zu dem Fels Israels.«

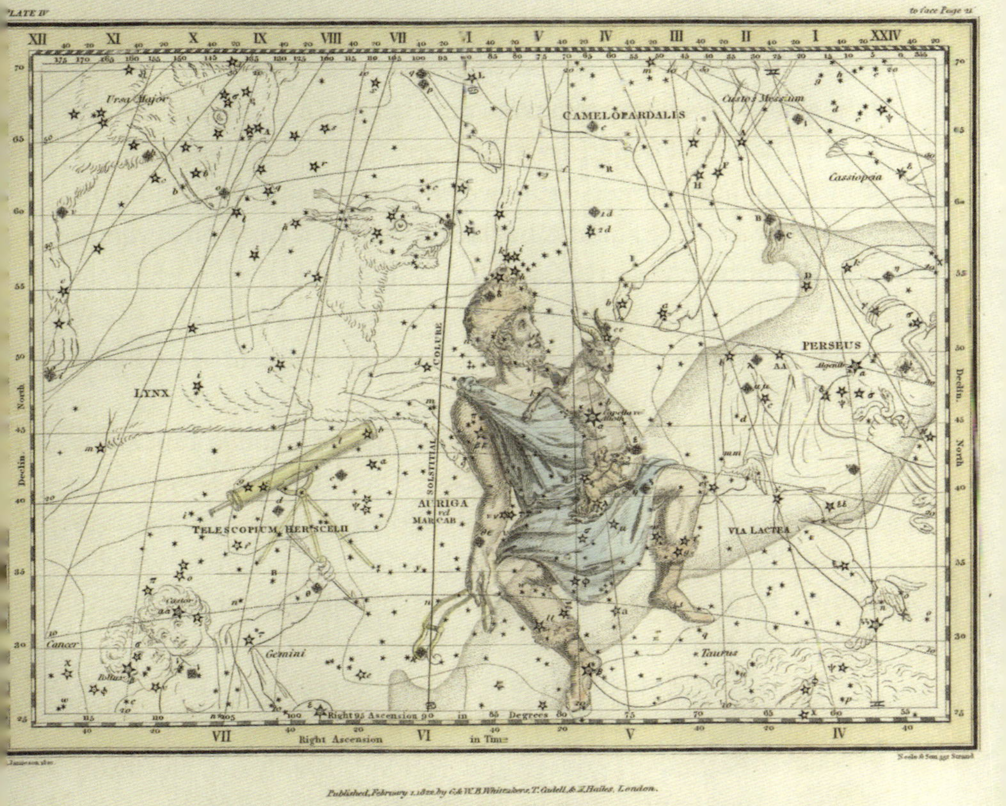

Auriga, der Hirte

Sicherheit für die Erlösten am Tag des Zorns

Inmitten des Gerichts, abgebildet in Taurus, Orion und Eridanus, hat Gott die Konstellation Auriga platziert, den Hirten. Dies als Zeichen dafür, dass seine Herde verschont bleibt. Auriga zeigt einen sitzenden Hirten. Er sitzt auf der Milchstraße, und in seinem linken Arm hält er eine weibliche Ziege, die verängstigt auf den Stier hinunterschaut. Im selben Arm hält er noch zwei neugeborene Zicklein oder Lämmer, die seinen Schutz suchen.

Ich glaube, wir wissen, wer dort sitzt. In Hesekiel 34,22 steht: »So will ich meinen Schafen zu Hilfe kommen, dass sie künftig nicht mehr zur Beute werden sollen, und ich will Recht sprechen zwischen den einzelnen Schafen.« Auch in Jeremia 23,4 lesen wir vom Hirten: »Und ich werde Hirten über sie setzen, die sie weiden sollen; sie werden sich nicht mehr fürchten noch erschrecken müssen, auch soll keines vermisst werden!, spricht der HERR.«

Der hellste Stern im Sternbild Auriga ist *Capella* und steht für eine Ziege. Der hebräische Name lautet *Alioth*, »weibliche Ziege«, und hat im Lateinischen dieselbe Bedeutung. Die weibliche Ziege steht sinnbildlich für die Juden, welche keinen ewigen Auferstehungsleib erhalten, jedoch im neuen Jerusalem leben werden.

Im rechten Arm von Auriga liegt der Stern *Menkilinon*, was so viel wie »das Band der Herde« bedeutet, es symbolisiert diejenigen Juden und Heiden, die Jesus als ihren Erlöser anerkannt haben und somit durch das Band der Liebe untrennbar mit dem Hirten verbunden sind und von ihm beschützt werden. Auch in Auriga zeigt sich klar, wer der Hirte ist. Denn in seinem rechten Fuß sehen wir den Stern *El Nath*, »der Verwundete«.

Eine der bekanntesten Stellen in der Bibel, in welcher der Hirte vorkommt, ist Psalm 91. Lass uns den ganzen Psalm lesen, der Schutz und Behütung über dir ausspricht:

Psalm 91

*1 Wer unter dem Schirm des Höchsten sitzt, der bleibt unter
dem Schatten des Allmächtigen. 2 Ich sage zu dem HERRN:
Meine Zuflucht und meine Burg, mein Gott, auf den ich traue!
3 Ja, er wird dich retten vor der Schlinge des Vogelstellers und
vor der verderblichen Pest; 4 er wird dich mit seinen Fittichen
decken, und unter seinen Flügeln wirst du dich bergen;
seine Treue ist Schirm und Schild.
5 Du brauchst dich nicht zu fürchten vor dem Schrecken
der Nacht, vor dem Pfeil, der bei Tag fliegt, 6 vor der Pest, die im
Finstern schleicht, vor der Seuche, die am Mittag verderbt.
7 Ob tausend fallen zu deiner Seite und zehntausend zu deiner
Rechten, so wird es doch dich nicht treffen; 8 ja, mit eigenen
Augen wirst du es sehen, und zuschauen, wie den Gottlosen
vergolten wird.
9 Denn du [sprichst]: Der HERR ist meine Zuversicht!
Den Höchsten hast du zu deiner Zuflucht gemacht;
10 kein Unglück wird dir zustossen und keine Plage zu deinem
Zelt sich nahen.
11 Denn er wird seinen Engeln deinetwegen Befehl geben,
dass sie dich behüten auf allen deinen Wegen. 12 Auf den
Händen werden sie dich tragen, damit du deinen Fuss nicht an
einen Stein stösst. 13 Auf den Löwen und die Otter wirst du den
Fuss setzen, wirst den Junglöwen und den Drachen zertreten.
14 »Weil er sich an mich klammert, darum will ich ihn erretten;
ich will ihn beschützen, weil er meinen Namen kennt.
15 Ruft er mich an, so will ich ihn erhören; ich bin bei ihm
in der Not, ich will ihn befreien und zu Ehren bringen.
16 Ich will ihn sättigen mit langem Leben und ihn
schauen lassen mein Heil!«*

Gemini, die Zwillinge

Der Messias regiert als Prinz des Friedens.

Wir sehen im Sternbild Zwillinge zwei nah beieinandersitzende Personen. Der linke Zwilling umarmt den rechten. Beide halten jeweils eine Waffe in der Hand, jedoch nicht in kampfbereiter Art, sondern in der Haltung von Siegern. In manchen Illustrationen dieses Sternbilds hält die rechte Person statt der Waffe einen Palmzweig in der rechten Hand. Dem Griechischen entsprechend werden die beiden Apollo und Herkules genannt. Dem Lateinischen nach Kastor und Pollux.

Der Dendera-Zodiak nennt sie *Clusus* und *Claustrum Hor*, was so viel wie »der Platz dessen, der da kommt« bedeutet.

Im Hebräischen bedeutet das Sternbild Zwilling »vereint«.

Das Sternbild zeigt uns die duale Natur Gottes, von der wir auch in 1. Timotheus 2,5 lesen können: »Denn es ist ein Gott und ein Mittler zwischen Gott und den Menschen, der Mensch Christus Jesus.« Die vereinten Zwillinge verkörpern die Zwillingsnatur Jesu: Er ist Mensch und Gott zugleich.

Schauen wir uns auch hier die Sterne, ihre Namen und deren Bedeutung genauer an. Im Kopf der Person rechts sehen wir den Stern *Apollo*, »der Herrscher«. Im Kopf der linken Person zeigt sich der Stern *Herkules*, »jener, der kommt, um sich zu mühen (oder zu leiden)«. Im linken Fuß der linken Person sehen wir *Al Henah*, »der Verwundete«. Im Knie der rechten Person finden wir den Stern *Mebsuta*, »mit Füßen treten«.

In Jesaja 32,1–2 lesen wir: »Siehe, ein König wird in Gerechtigkeit regieren, und Fürsten werden gemäß dem Recht herrschen; und ein Mann wird sein wie ein Bergungsort vor dem Wind und wie ein Schutz vor dem Unwetter, wie Wasserbäche in einer dürren Gegend, wie der Schatten eines mächtigen Felsens in einem erschöpften Land.« Und in Jeremia 23,5–6 steht: »Siehe, es kommen Tage, spricht der HERR, da werde ich dem David einen gerechten Spross erwecken; der wird als König regieren und weise handeln und wird Recht und Gerechtigkeit schaffen auf Erden. In seinen Tagen wird Juda gerettet werden und Israel sicher wohnen; und das ist der Name, den man ihm geben wird: ›Der HERR ist unsere Gerechtigkeit‹.« Und zum Schluss lesen wir in Jeremia 33,14–15: »Siehe, es kommen Tage, spricht der HERR, da ich das gute Wort erfüllen werde, das ich über das Haus Israel und über das Haus Juda geredet habe. In jenen Tagen und zu jener

Zeit will ich dem David einen Spross der Gerechtigkeit hervorsprießen lassen, und er wird Recht und Gerechtigkeit schaffen auf Erden.«

Canis Major oder Sirius, der Prinz

Der kommende ruhmreiche Prinz der Prinzen

Im Sternbild von *Canis Major* und *Canis Minor* werden zwei Hunde dargestellt. Diese beiden waren jedoch nicht schon immer Hunde, sondern sie wurden zu solchen. Aus diesem Grund trägt Canis Major auch den Zweitnamen Sirius, was übersetzt »Prinz« bedeutet. Dadurch wird die Herrschaft Jesu auf Erden symbolisiert.

Im Dendera-Zodiak wird Canis Major als Adler gezeigt, und wie wir wissen, ist der Adler der natürliche Feind der Schlange.

Die Namen seiner Sterne sprechen für sich: Im Kopf von Sirius liegt *Mirzah*, »der Prinz« oder auch »der Herrscher«, in seinem Körper *Wesen*, »der Hellstrahlende« und im rechten Hinterlauf *Adhara*, »der Glorreiche«.

Canis Minor, der kleine Hund

Der verherrlichte Erlöser

Kommen wir zum zweiten Hund. Er steht in unmittelbarer Verbindung zu Canis Major. Die Namen seiner Sterne zeigen dies klar auf. Im Körper von Canis Minor liegt der Stern *Procyon*, welcher mit »Erlöser« übersetzt wird. Im Nacken sehen wir den Stern *Al Gomeisa*, arabisch für »der Beladene« oder »die Last anderer Tragende«.

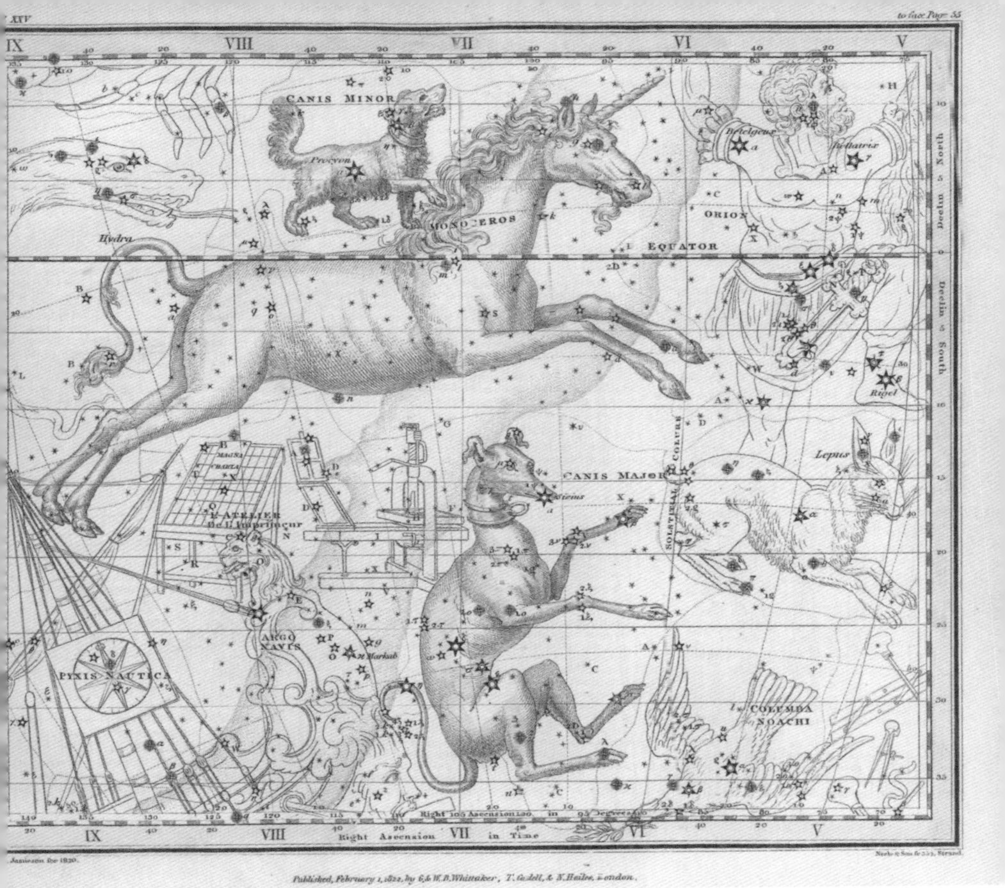

Die beiden Canis-Sternbilder zeigen uns den Messias, der herrschen wird – als Prinz des Friedens und als Prinz der Prinzen, der den Feind unter seinen Füßen hat. Unser Erlöser, Jesus Christus.

In Jesaja 59,19–20 lesen wir: »Dann wird man im Westen den Namen des HERRN fürchten und im Osten seine Herrlichkeit; wenn der Bedränger kommt wie ein Wasserstrom, wird der Hauch des HERRN ihn in die Flucht schlagen. Und es wird ein Erlöser kommen für Zion und für die in Jakob, die sich von der Übertretung bekehren, spricht der HERR.«

Lepus, der Feind

Der Feind, der unter die Füße getreten wird

Die persische Darstellung von Lepus ist eine Schlange, was eigentlich treffender wäre, denn Lepus symbolisiert den Feind, den Teufel. Im Dendera-Zodiak wird Lepus als unreiner Vogel dargestellt, der auf einer Schlange steht. Der hellste Stern im Sternbild Lepus wird im Hebräischen *Arnebo* genannt, was übersetzt »der Feind dessen, der da kommt« bedeutet. Das arabische *Arnebeth* wird gleichlautend übersetzt.

Lepus liegt zusammengekauert unter den Füßen des Orions. Dort, wo der Teufel auch hingehört. Halleluja!

Cancer, der Krebs

Der erlöste Besitz des Messias wird festgehalten

Wir sind schon beim vorletzten Sternbild angelangt, dem Krebs. Er scheint nicht so ganz in die bisherigen Sternbilder zu passen, aber dieser Eindruck wird sich gleich verflüchtigen. Schauen wir uns zuerst die Übersetzungen verschiedener Kulturen und Sprachen an. Im Dendera-Zodiak wird der Krebs als Skarabäus dargestellt. Im Esneh-Zodiak und in der hinduistischen Deutung wird er ebenfalls als Skarabäus gezeigt. Im Griechischen bekam er dann den Namen »Krebs«.

Aber was hat der Krebs denn nun mit dem Evangelium am Himmel zu tun? Der arabische Name des Sternbilds, *Al Sartan*, was »der hält« oder »der bindet« heißt, leitet sich vom hebräischen Namen ab, der »zusammenbinden« bedeutet. Der Krebs steht somit als Symbol dafür, dass Gott sein Volk festhält und beschützend umgibt. Das zeigen auch die Sternenamen: Im Kopf des Krebses finden wir *Tegmine*, was »halten« bedeutet. In der unteren großen Schere ist *Azubene*, was im Hebräischen und im Arabischen »der Zufluchtsort« bedeutet. Dann sind da noch die Sterne *Ma'Alap*, »versammelte Tausende«, und *Al Himarein*, »die Kinder«.

Wir sehen im Krebs also ein Bild der Gemeinde.

In Hebräer 12,22–23 (EÜ) lesen wir: »Ihr seid vielmehr zum Berg Zion hinzugetreten, zur Stadt des lebendigen Gottes, dem himmlischen Jerusalem, zu Tausenden von Engeln, zu einer festlichen Versammlung und zur Gemeinschaft der Erstgeborenen, die im Himmel verzeichnet sind, und zu Gott, dem Richter aller, und zu den Geistern der schon vollendeten Gerechten.«

Ursa Minor, der kleine Bär

Die geringere Schafhürde

Zwei der ältesten und bekanntesten Sternbilder des Himmels liegen im Sternbild des Krebses: der kleine und der große Bär. Interessanterweise kennen jedoch weder der chaldäische noch der ägyptische, persische oder indische Zodiak die Bären am Himmel.

Einer der wichtigsten Sterne liegt im Schwanz des kleinen Bären; es ist der Polarstern, *Al Raccaba* genannt, was »der Gedrehte« bedeutet. Der Polarstern wandert. Er stand einst im Sternbild des Drachen und wanderte dann. Bestätigt wird dies auch durch verschiedene Fachpublikationen. Wikipedia dokumentiert diese Verschiebung ebenfalls.

Was bedeutet das nun für uns und die Sterne? *Kochab*, der Stern am Rücken, erklärt es uns, denn übersetzt bedeutet *Kochab* »warten auf den, der da kommt«.

Und wenn der Drache niedergerungen wurde, wird der himmlische Same behutsam gesät.

Ursa Major, der große Bär

Die Schafshürde und die Herde

Kommen wir zum großen Bären. Araber nennen ihn *Al Naish*, was das Bild des großen Bären zutreffend beschreibt. *Al Naish* bedeutet nämlich »die Versammelten«.

Der große Bär wurde schon in Hiob 38,32 genannt: »Kannst du die Sterne des Tierkreises herausführen zu ihrer Zeit, und leitest du den Großen Bären samt seinen Jungen?«

Wofür der große Bär steht, erkennen wir, wenn wir uns seine Sterne genauer anschauen:

Bubhe	eine Herde Tiere
Merach	hebräisch für »Herde«
Phaeda	getröstet, beschützt und gezählt
Alioth	weibliche Ziege
Mizar	getrennt oder klein
Al Cor	das Lamm
Benet Naish	arabisch für »die Töchter der Versammlung«

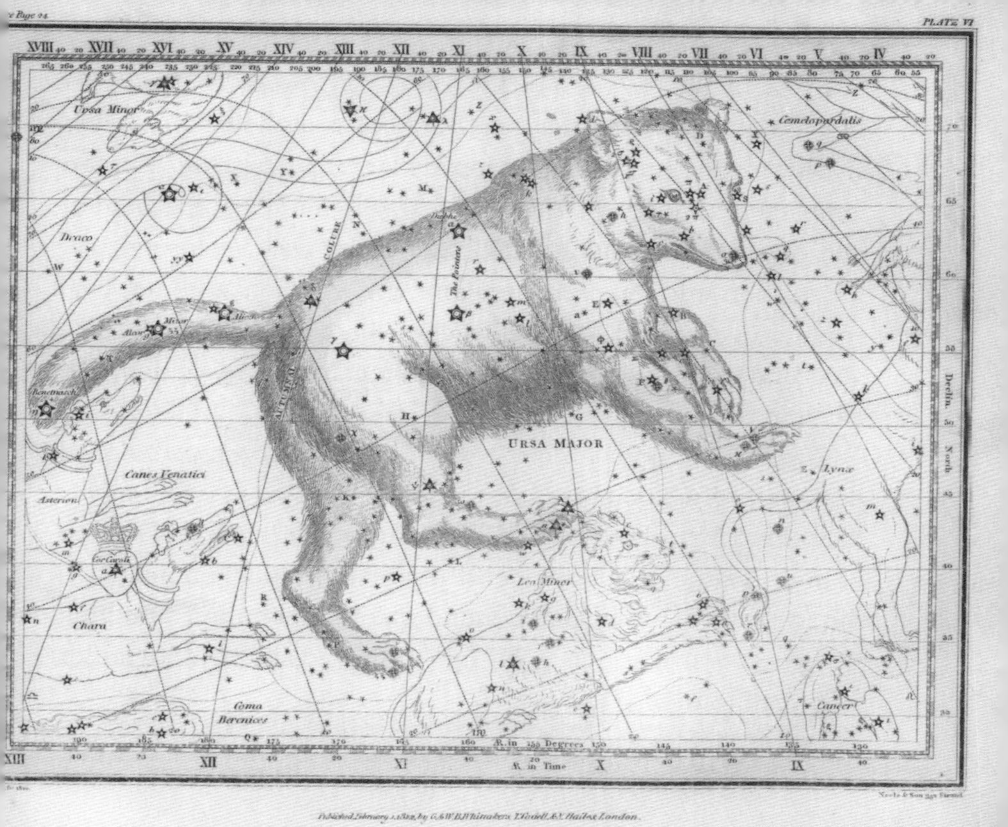

Es gibt verschiedene Bibelstellen, in denen es um die Herde geht. Keine jedoch passt so gut wie Hesekiel 34,12–16: »Wie ein Hirte seine Herde zusammensucht an dem Tag, da er mitten unter seinen zerstreuten Schafen ist, so will ich mich meiner Schafe annehmen und sie aus allen Orten erretten, wohin sie zerstreut wurden an dem Tag des Gewölks und des Wolkendunkels. Und ich werde sie aus den Völkern herausführen und aus den Ländern zusammenbringen und werde sie in ihr Land führen; und ich werde sie weiden auf den Bergen Israels, in den Tälern und allen bewohnten Gegenden des Landes. Auf einer guten Weide will ich sie weiden; und ihr

Weideplatz soll auf den hohen Bergen Israels sein, dort sollen sie sich auf einem guten Weideplatz lagern und auf den Bergen Israels fette Weide haben! Ich selbst will meine Schafe weiden und sie lagern, spricht GOTT, der Herr. Das Verlorene will ich suchen und das Verscheuchte zurückholen und das Verwundete verbinden; das Schwache will ich stärken; das Fette aber und das Starke will ich vertilgen; ich will sie weiden, wie es recht ist.«

Es gibt aber noch einen Stern, der nicht vergessen werden darf, und sein Name ist *Talitha*. In Markus 5,41–42 finden wir dasselbe Wort: »Und er ergriff die Hand des Kindes und sprach zu ihm: **Talita** kumi!, das heißt übersetzt: Mädchen, ich sage dir, steh auf! Und sogleich stand das Mädchen auf und ging umher; es war nämlich zwölf Jahre alt. Und sie gerieten außer sich vor Staunen.«

Das Mädchen war zwölf Jahre alt – und wir stehen kurz vor dem zwölften und letzten Sternbild, dem Löwen.

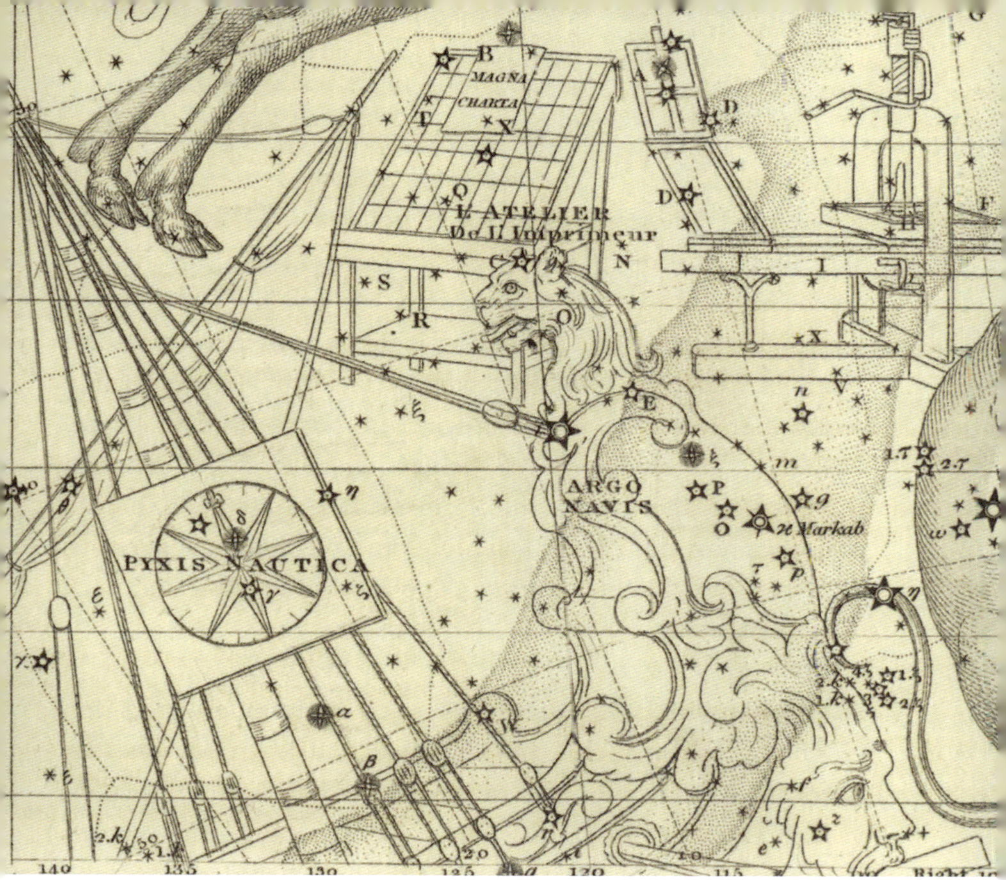

Argo, das Schiff

Die Pilger sind sicher zu Hause angekommen

Wir sehen auf dem Bild ein Schiff mit einer Galionsfigur, bestehend aus einem Löwenkopf und einem Mann. Das Schiff zeigt den Ort der Gemeinde. So wie die Arche Noahs eine Vorschattung und ein Abbild der Gemeinde war, so steht auch Argo als Bild für die Gemeinde. Zudem zeigt es Gottes Rettungsplan für sein Volk.

Der hellste Stern in dieser Konstellation und zugleich der zweithellste Stern am Himmel, *Canopus*, bedeutet »der

Besitz dessen, der kommt«. Auch ist er ein Bild für das neue Jerusalem, weil Jesus aus dem neuen Jerusalem heraus herrschen wird. In Jeremia 30,10–11 heißt es: »Darum fürchte dich nicht, du, mein Knecht Jakob, spricht der HERR, und erschrick nicht, Israel! Denn siehe, ich will dich aus einem fernen Land erretten und deine Nachkommen aus dem Land ihrer Gefangenschaft, und Jakob wird zurückkehren, ruhig und sicher sein, und niemand wird [ihn] aufschrecken! Denn ich bin mit dir, spricht der HERR, um dich zu erretten; denn ich will allen Heidenvölkern, unter die ich dich zerstreut habe, ein Ende machen; nur dir will ich nicht ein Ende machen, sondern dich nach dem Recht züchtigen; doch ganz ungestraft kann ich dich nicht lassen.«

Auch das, was in Jesaja 9,4–9 beschrieben wird, bezieht sich auf dieses Schiff: »Denn jeder Stiefel derer, die gestiefelt einherstapfen im Schlachtgetümmel, und jeder Mantel, der durchs Blut geschleift wurde, wird verbrannt und vom Feuer verzehrt. Denn ein Kind ist uns geboren, ein Sohn ist uns gegeben; und die Herrschaft ruht auf seiner Schulter; und man nennt seinen Namen: Wunderbarer, Ratgeber, starker Gott, Ewig-Vater, Friedefürst. Die Mehrung der Herrschaft und der Friede werden kein Ende haben auf dem Thron Davids und über seinem Königreich, dass er es gründe und festige mit Recht und Gerechtigkeit von nun an bis in Ewigkeit. Der Eifer des HERRN der Heerscharen wird dies tun! Ein Wort hat der Herr gegen Jakob gesandt, und es soll in Israel niederfallen. Das ganze Volk soll es erkennen, Ephraim und die Bewohner von Samaria, die im Stolz und Übermut des Herzens sagen: Die Ziegelsteine sind eingestürzt, wir aber wollen mit Quadern aufbauen; die Maulbeerbäume wurden abgehauen, wir aber wollen Zedern an ihre Stelle setzen!«

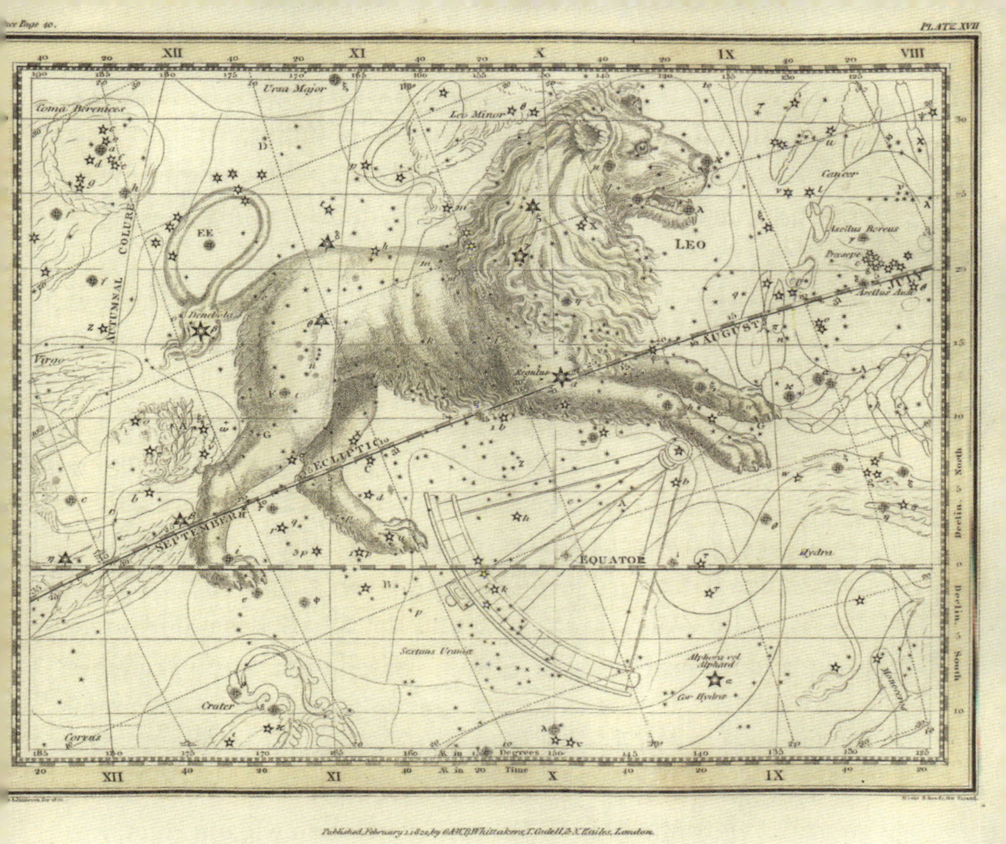

Leo, Löwe

Der Löwe von Juda

Wir kommen zum letzten Sternbild, dem Löwen. Wohl kaum ein anderes Sternbild lässt sich besser mit Jesus als dem Löwen in Verbindung bringen. In Offenbarung 5,5 steht: »Und einer von den Ältesten spricht zu mir: Weine nicht! Siehe, es hat überwunden der Löwe, der aus dem Stamm Juda ist, die Wurzel Davids, um das Buch zu öffnen und seine sieben Siegel zu brechen!«

In fast allen Religionen und Glaubensrichtungen ist man sich über das, was dieses Sternbild zeigt, einig: Gegen den Löwen von Juda hat der Teufel keine Chance, denn er wurde besiegt – Halleluja.

Betrachten wir nun auch den Löwen etwas genauer und schauen, was uns die Sterne sagen. Der Stern *Regulus* bildet das Herz des Löwen und bedeutet »unter die Füße treten«. *Denebola*, im Schwanz des Löwen, bedeutet »das Gericht« oder »der König, der kommt«. *Al Giebha*, am Nacken des Löwen, ist arabisch und heißt »der Erhabene«. *Zosma*, auf dem Rücken des Löwen, bedeutet »hell strahlend«.

In Amos 3,4.8 wird jeweils vom Löwen gesprochen: »Brüllt der Löwe im Wald, wenn er keinen Raub hat? Lässt der junge Löwe aus seiner Höhle die Stimme erschallen, wenn er nichts erwischt hat? ... Der Löwe brüllt; wer sollte sich nicht fürchten? GOTT, der Herr, redet; wer sollte nicht weissagen?«

Auch Jesaja 42,13 kann mit dem Löwen in Verbindung gebracht werden: »Der HERR wird ausziehen wie ein Held, wie ein Kriegsmann den Eifer anfachen; er wird einen Schlachtruf, ja, ein Kriegsgeschrei erheben; er wird sich gegen seine Feinde als Held erweisen.«

Weitere Sternbilder im Sternbild des Löwen sind *Hydra*, *Crater* und *Corvus*. Zusammengefasst haben diese drei Zeichen folgende Bedeutung: Die alte Schlange wird vernichtet, die Zornschale wird über ihr ausgegossen und der Raubvogel verschlingt sie. Dazu aber auf den nächsten Seiten mehr.

Zum Abschluss unserer Betrachtung der Sternbilder schauen wir uns noch eine sehr spezielle Konstellation an, denn Hydra, Crater und Corvus sind miteinander verbunden. Wir sehen im Sternbild eine Schlange; genauer gesagt ist es die alte Schlange, von der wir in der Offenbarung lesen. Sie liegt unterhalb des Löwen, und es scheint so, als stünde der Löwe auf der Schlange. Auf dem Rumpf der Schlange sind *Crater*, der Kelch, und *Corvus*, der Rabe, platziert. Aber sehen wir uns doch genauer an, was dies zu bedeuten hat.

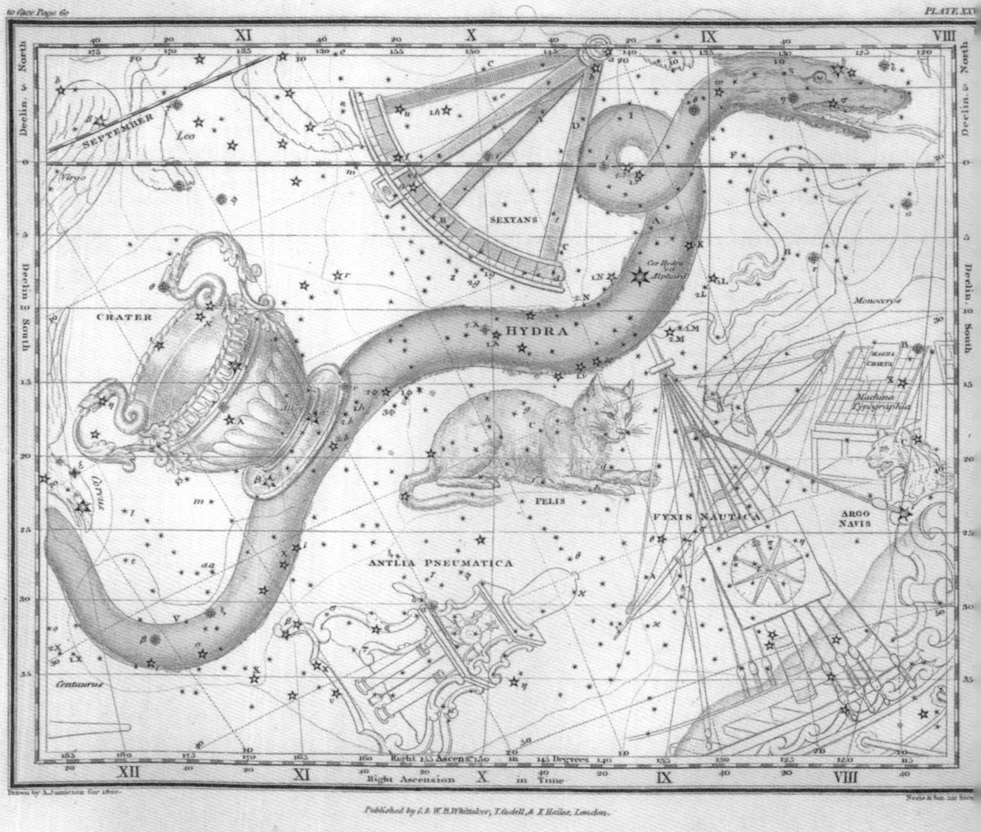

Hydra

Die *Hydra* erstreckt sich vom Sternbild der Jungfrau bis zum Löwen. Wie in 1. Mose 3,15 beschrieben: »Und ich will Feindschaft setzen zwischen dir und der Frau, zwischen deinem Samen und ihrem Samen: Er wird dir den Kopf zertreten, und du wirst ihn in die Ferse stechen.« *Hydra* ist übersetzt sehr aussagekräftig, denn es bedeutet »er wird verabscheut«. Der Stern *Al Phard* im Herzen der Schlange bedeutet auf Arabisch »wegtun«. Der Stern *Al Drian* heißt »die Verabscheuten«. Wir sehen hier also ein klares Bild der alten Schlange.

Crater, der Kelch

Crater ist ein liegender oder ausgegossener Kelch. Er steht als Bild für den Zorn Gottes, der sich auf die Schlange ergießt.

Es gibt verschiedene Bibelstellen, in denen genau dieser Becher beschrieben wird. Psalm 75,9 (EÜ): »Ja, in der Hand des HERRN ist ein Becher, gefüllt mit gärendem, gewürztem Wein. Er schenkt davon ein, bis zur Hefe müssen ihn schlürfen, müssen ihn trinken alle Frevler der Erde.« Oder Psalm 11,6: »Er lässt Schlingen regnen über die Gottlosen; Feuer, Schwefel und Glutwind ist das Teil ihres Bechers.«

Offenbarung 14,10 sagt: »So wird auch er von dem Glutwein Gottes trinken, der unvermischt eingeschenkt ist in dem Kelch seines Zornes, und er wird mit Feuer und Schwefel gepeinigt werden vor den heiligen Engeln und vor dem Lamm.« Und in Offenbarung 16,19 steht: »Und die große Stadt wurde in drei Teile [zerrissen], und die Städte der Heidenvölker fielen, und Babylon, der Großen, wurde vor Gott gedacht, damit er ihr den Becher des Glutweines seines Zornes gebe.«

Corvus, der Rabe

Der Rabe auf dem Bild scheint mit der Schlange zu kämpfen und ihr die Schuppen vom Körper zu reißen. Dies wird auch durch den Namen dieses Sterns im Dendera-Zodiak bestätigt; dort heißt er *Her-na*, was »der den Feind in Stücke reißt« bedeutet.

Corvus hat neun Sterne. Die Neun steht in der hebräischen Gematria für Gericht. Im Auge des Raben liegt der Stern *Al Chibar*, was »zusammenkommen« bedeutet.

Der Rabe kommt auch in Sprüche 30,17 vor: »Ein Auge, das den Vater verspottet und es verachtet, der Mutter zu gehorchen, das werden die Raben am Bach aushacken und die jungen Adler fressen!«

Wir sehen also im Raben das Gericht über die Schlange.

Das Sternbild des Löwen sehen wir in der Bibel zusammengefasst, und zwar in Jeremia 25,30–33: »Und du sollst ihnen alle diese Worte weissagen und zu ihnen sagen: Der HERR wird von der Höhe herab brüllen und seine Stimme erschallen lassen aus seiner heiligen Wohnung; er wird laut brüllen über seine Weide hin, ein Lied wie die Keltertreter wird er anstimmen über alle Bewohner der Erde. Es dringt ein Lärm bis an die Enden der Erde, denn der HERR hat einen Rechtsstreit mit den Heidenvölkern, er hält Gericht mit allem Fleisch; die Gottlosen übergibt er dem Schwert, spricht der HERR. So spricht der HERR der Heerscharen: Siehe, es geht Unheil aus von einem Volk zum anderen, und ein gewaltiger Sturm erhebt sich vom äußersten Ende der Erde her, und an jenem Tag werden die vom HERRN Erschlagenen daliegen von einem Ende der Erde bis zum anderen; sie werden nicht beklagt, nicht gesammelt und nicht begraben werden; zu Dünger auf dem Erdboden sollen sie werden.«

Der Tierkreis

Im ersten Teil dieses Buches haben wir nun jedes einzelne Sternbild mit seinen Sternen genauer betrachtet und in der Bibel nach Hinweisen und Bestätigungen gesucht. Ist es nicht atemberaubend, was wir alles erfahren haben? Hat es auch deinen Blick in den Himmel verändert? Jedes Mal, wenn wir zum Himmel hochschauen, sehen wir nun das Evangelium am Himmelszelt und nicht mehr nur ein paar leuchtende Punkte. Gott hat jeden Stern genau dorthin gesetzt, wo er ihn haben wollte. Nichts ist dem Zufall überlassen, alles hat seine Bedeutung.

Am Sternenhimmel haben wir Gottes gesamte Geschichte mit uns Menschen gesehen – angefangen bei der Geburt Jesu, über sein Opfer am Kreuz, bis hin zur Entrückung und seinem zweiten Kommen. Nur Gott ist so groß und vollkommen, um dies von Anbeginn der Zeit an gewusst und vorbereitet zu haben. Pastor Erich Engler fasst es wie folgt zusammen:

Das Evangelium Christi am Sternenhimmel

Von der Geburt (Virgo) bis zur Wiederkunft (Leo)

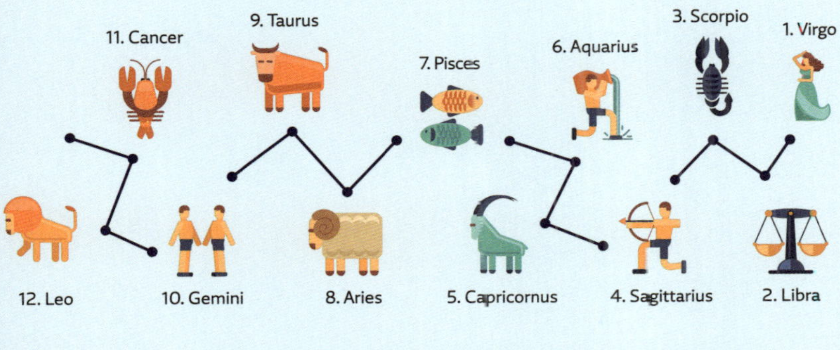

Durch den Samen einer Frau *(Jungfrau)* kommt die Gerechtigkeit *(Waage)*. Er besiegt den Stachel des Todes *(Skorpion)* und triumphiert *(Schütze)*. Der Sündenbock *(Steinbock)* gibt lebendiges Wasser *(Wassermann)* den Erlösten *(Fisch)*. Sein Opfer *(Widder)* und seine Wiederkunft *(Stier)* als Gottmensch *(Zwilling)*, geben der Gemeinde ein ewiges Zuhause *(Krebs)*. Er kommt und triumphiert auf ganzer Linie *(Löwe)*.

Einfacher lässt sich dies nicht zusammenfassen. Nun wissen wir, was Abraham in jener Nacht am Himmelszelt von Gott gezeigt wurde. Ihm wurde das Kommende und die glückselige Verheißung offenbart. Abraham, der Chaldäer, glaubte Gott und wurde dadurch gerecht gemacht. Gelobt sei Gott, der seinen Sohn für uns gegeben hat. Halleluja!

02

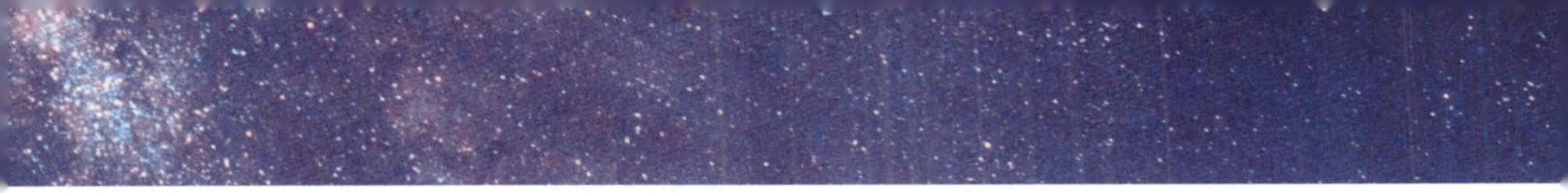

Die Zeitachse der Sterne

Nun wissen wir also, dass die Sterne, ausgehend von der Jungfrau, das Evangelium am Himmel erzählen. Das ist aber noch nicht alles, denn die Sternbilder sind zudem in drei Abschnitte unterteilt. Sie stehen im Zusammenhang mit dem ersten Kommen Jesu, dem dazwischen liegenden Abschnitt und dem zweiten Kommen Jesu. Vereinzelt haben wir dies auch schon in den Sternbildern gesehen und angesprochen. Schauen wir uns die drei Abschnitte genauer an.

Erstes Kommen Jesu

Jungfrau	Die Prophezeiung des verheißenen Samens und die Geburt Jesu auf Erden
Waage	Des Erlösers Werk (Gnade) am Kreuz und die Gerechtigkeit des Gerechten
Skorpion	Des Erlösers Konflikt oder der Stechende wird besiegt
Schütze	Die Erfüllung der Prophezeiung durch den Tod Jesu am Kreuz

Wir sehen im ersten Abschnitt das erste Kommen Jesu von der Geburt bis zur Kreuzigung.

Zeitalter der Gnade

Steinbock	Die Prophezeiung der Befreiung und der Sündenbock für alle
Wassermann	Die Ausschüttung des Heiligen Geistes
Fisch	Das Resultat der Befreiung, die Gemeinde der Erlösten
Widder	Die Erfüllung der Prophezeiung und das geopferte Lamm

Im zweiten Abschnitt sehen wir die Zeitspanne, in der wir uns aktuell befinden: die Dispensation der Gnade. In dieser Dispensation geht es um die Kirche, die Ortsgemeinde. Der Gemeinde wurde ein Beistand gegeben – der Heilige Geist, der als lebendiges Wasser bezeichnet wird.

Zweites Kommen Jesu

Stier	Die Prophezeiung des kommenden Gerichts und die Wiederkunft Jesu in Kraft
Zwillinge	Der Gottmensch und Königpriester der in Herrlichkeit regiert
Krebs	Die Zusicherung des Erlösers und die Heimat der Gemeinde
Löwe	Die Erfüllung der Prophezeiung und der vollendete Triumph in der Wiederkunft

Im letzten Abschnitt sehen wir die Wiederkunft Jesu; wir sehen, wie er zurückkommt und die Seinen zu sich holt und zum Schluss über alles triumphiert.

Ist es nicht großartig, was da am Himmelszelt geschrieben steht? Das sind nicht nur ein paar Sterne, die einfach so entstanden sind und nun vor sich hin leuchten. Es sind Sternbilder, die das Evangelium erzählen. So etwas Perfektes kann nur Gott erschaffen haben. Aber schau dir an, was die Menschheit daraus gemacht hat – einfach nur schade.

Das Evangelium Christi am Sternenhimmel

Sein erstes Kommen, die Gemeinde, Sein zweites Kommen

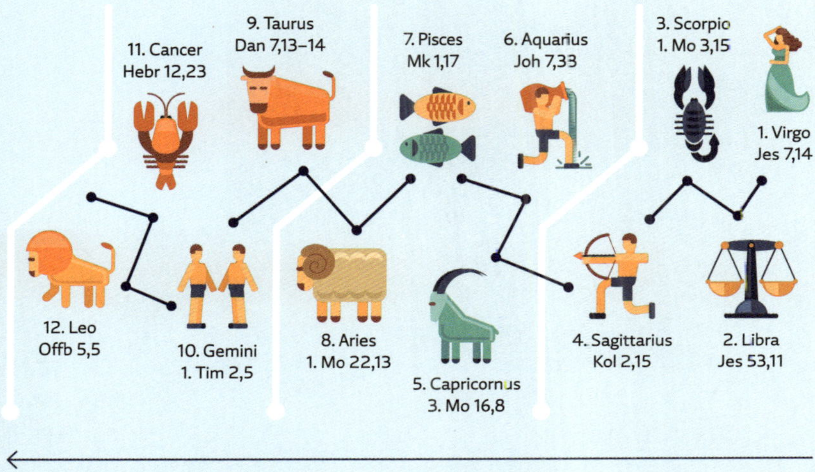

ERSTES KOMMEN JESU

1.	**Jungfrau:**	die Geburt Jesu Christi auf Erden
2.	**Waage:**	die Gerechtigkeit des Gerechten
3.	**Skorpion:**	der Stechende wird besiegt
4.	**Schütze:**	der Triumph am Kreuz

ZEITALTER DER GNADE

5.	**Steinbock:**	der Sündenbock für alle
6.	**Wassermann:**	das lebendige Wasser
7.	**Fisch:**	die Gemeinde der Erlösten
8.	**Widder:**	das geopferte Lamm

ZWEITES KOMMEN JESU

9.	**Stier:**	die Wiederkunft Christi in Kraft
10.	**Zwillinge:**	der Gottmensch und Königpriester
11.	**Krebs:**	die Heimat der Gemeinde im Himmel
12.	**Löwe:**	vollendeter Triumph in der Wiederkunft

03

Die Dispensation der Gnade

Gehen wir doch noch etwas genauer auf die Zeitachse Gottes ein. Nicht nur die Sterne zeigen eine Zeitachse auf, auch in der Bibel selbst gibt es Abschnitte und Epochen, die durch verschiedene biblische Persönlichkeiten geprägt wurden. Eine der Dispensationen haben wir schon kurz angeschnitten, und zwar die von Abraham.

In der biblischen Lehre werden diese Dispensationen auch als Haushalterschaft bezeichnet. In Epheser 3,2 wird dies beschrieben: »Ihr habt ja gewiss von der Haushalterschaft der Gnade Gottes gehört, die mir für euch gegeben worden ist.« Paulus wusste also von den verschiedenen Dispensationen. Was nicht überrascht, denn er war eine der zentralen Figuren einer solchen Dispensation. Denn in jeder Dispensation gibt es eine zentrale Person, einen Bund, ein Versagen sowie auch ein Gericht. Lass uns daher die sieben Dispensationen etwas genauer betrachten. Ich hoffe, du bist gedanklich noch da und nicht schon weggedöst. Großes Ehrenwort: Du wirst definitiv weitere Aha- und Wow-Momente erleben. Also, los geht's, starten wir mit der ersten Dispensation.

Die Dispensation der Unschuld – Adam

Wie eingangs beschrieben, gibt es verschiedene Aspekte, anhand derer sich die sieben Dispensationen unterteilen und vergleichen lassen.

In der ersten Dispensation war Adam die zentrale Person. Richtig, wir sind im Garten Eden, in den ersten Kapiteln der Bibel. Die erste Dispensation reichte somit von der Schöpfung bis hin zum Sündenfall. Warum der Sündenfall?, fragst du dich jetzt. Weil er Gottes Bestrafung für Adam und Eva war. Sie verstießen gegen die einzige Bedingung, das einzige Gebot im Garten Eden. In 1. Mose 2,16–17 wird das deutlich: »Und Gott der HERR gebot dem Menschen und sprach: Von jedem Baum des Gartens darfst du nach Belieben essen; aber von dem Baum der Erkenntnis des Guten und des Bösen sollst du nicht essen; denn an dem Tag, da du davon isst, musst du gewisslich sterben!« Und wir wissen, wie diese Geschichte ausging, nicht wahr? Die beiden aßen vom verbotenen Baum und wurden aus dem Garten verstoßen. Es war Gottes einzige Bedingung gewesen, doch sie versagten und brachen so das Gebot Gottes. Dabei hätten sie nur auf Gottes Anweisung hören müssen, dann hätten sie weiter vom Baum des Lebens essen können. Kannst du hier bereits die Paralellen zu unserer heutigen Zeit sehen?

Das Gericht, das über sie kam, bestand darin, dass der Tod in ihr Leben eintreten konnte. Nicht falsch verstehen – der Tod wurde nicht aktiv von Gott geschickt, Gott nahm nur seine schützende Hand von Adam, sodass der Tod sich Zutritt zum Menschen verschaffen konnte. Der Teufel war ja schon die ganze Zeit da, auch im Garten Eden, denn wer sonst sollte die Schlange gewesen sein, die Adam und Eva verführte?

Es wird davon ausgegangen, dass die Dauer dieser Dispensation bei 30 bis 33 Jahren liegt. Woher diese Zahlen kommen, fragst du? Hierzu gibt es verschiedene Aspekte, die wir uns ansehen sollten.

Jesus, der als letzter Adam in der Bibel genannt wird, trat mit 30 Jahren in den Dienst und starb mit 33 Jahren am Kreuz für alle unsere Sünden, Halleluja.

Der zweite Aspekt: Adam ist mit 930 Jahren gestorben. Für jemanden, der nicht mehr vom Baum des Lebens essen durfte, ist das ein stolzes Alter. Wie wir wohl mit 930 Jahren aussehen würden? Okay, lass uns das nicht vertiefen. Wichtig zu verstehen ist, dass die Zahl 9 für Gericht steht und somit auch die Zahl 900. Sein geistlicher Tod könnte daher mit 30 Jahren erfolgt sein. Vielleicht erscheint dir das etwas weit hergeholt, und tatsächlich könnte es menschlich gesehen so wirken, doch Gottes Plan ist vollkommen und sehr viel größer und umfassender, als wir es uns vorstellen können. Stimmst du mir zu? Dann setzen wir jetzt noch eins drauf: Das alte Testament hat 929 Kapitel. Du kannst gerne nachzählen, wenn du Lust und Zeit hast. Und im 930. Kapitel, in Matthäus 1, beginnt mit der Geburt Jesu das neue Testament.

Jede Dispensation braucht ihr Opfer, das werden wir später noch genauer beleuchten. In der Dispensation der Unschuld war es das Blutopfer, damit Adam und Eva sich bekleiden konnten. In 1. Mose 3,21 lesen wir: »Und Gott der HERR machte Adam und seiner Frau Kleider aus Fell und bekleidete sie.« Gott opferte ein Tier, damit Adam und Eva eingekleidet werden konnten. Warum tat Gott das? Jedenfalls nicht, weil er sich als Modeschöpfer betätigen und ein Label ins Leben rufen wollte. Nein, Gott ging es um etwas sehr viel Größeres: Er wies dadurch schon damals, bei Adam und Eva, auf das Opferlamm hin – Jesus Christus.

Fassen wir zusammen: Hätten Adam und Eva weiter vom Baum des Lebens gegessen anstatt vom Baum der Erkenntnis zu essen, dann hätten sie ewiges Leben erhalten. Das können wir in 1. Mose 3,22 nachlesen: »Und Gott der HERR sprach: Siehe, der Mensch ist geworden wie unsereiner, indem er erkennt, was Gut und Böse ist; nun aber – dass er nur nicht seine Hand ausstrecke und auch vom Baum des Lebens nehme und esse und ewig lebe!« Sie hätten ewiges Leben erhalten, dafür hätten sie nur die Finger vom Baum der Erkenntnis lassen müssen. Wenn sie einfach weiterhin vom Baum des Lebens gegessen hätten, wäre dies Ausdruck und Zeichen ihrer Abhängigkeit von Gott gewesen. Denn der Baum des Lebens steht als Bild für Jesus. Aber sie wurden von der Schlange verführt. Doch Gott sei Dank kam Jesus und machte uns gerecht und stellte die vorgesehene Ordnung vor Gott wieder her. Halleluja.

Das folgende Bild gibt dir einen kurzen Überblick über die erste Dispensation – die Dispensation der Unschuld.

DIE 7 DISPENSATIONEN:

1 — Unschuld (Adam)

Zeit:	Schöpfung – Sündenfall (1. Mo 1,26 – 1. Mo 3,24)
Dauer:	30-33 Jahre
Bund / Art:	Bund von Eden / bilateral
Person:	Adam
Bedingung:	Gebot im Garten
Evangelium:	Baum des Lebens
Versagen:	Brechen des Gebots
Gericht:	geistlicher und physischer Tod
Opfer:	Blutopfer / Felle des Tieres (Lamm)

Die Dispensation des Gewissens – Abel

Wir sind nun bei der zweiten Dispensation angelangt, der Dispensation des Gewissens. Adam und Eva wurden aus dem Garten verbannt – das war bestimmt sehr hart. Man stelle sich das vor: Hinter dir fällt die Tür ins Schloss zu allem, was dir verheißen war, und vor dir siehst du nichts als Probleme auf dich zukommen. Nur gut, dass Gott schon im Garten Eden einen Hinweis auf den Erlöser gegeben hat. Als er die Schlange verfluchte, sagte er in 1. Mose 3,15: »Und ich will Feindschaft setzen zwischen dir und der Frau, zwischen deinem Samen und ihrem Samen: Er wird dir den Kopf zertreten, und du wirst ihn in die Ferse stechen.« Diesen Vers kennen wir ja schon. Und wir wissen auch, dass dieser Same Jesus Christus sein würde. Eva jedoch ging davon aus, dass dieser Same aus *ihr* hervorgehen würde, weil ja sie – und nur sie – zu diesem Zeitpunkt die Frau war. Unter diesen Umständen hätten wir an Evas Stelle wohl das Gleiche gedacht, nicht wahr?

Zurück zur zweiten Dispensation. Die zweite Dispensation dauerte vom Sündenfall bis zur Sintflut an, also 1.657 Jahre. Die Hauptpersonen in dieser Dispensation waren Adam und Abel. Warum Abel und nicht Kain? Auch hier sehen wir Bilder und Vorschattungen in den beiden Brüdern. Kain wurde Ackerbauer und Abel wurde Hirte. Sie brachten Gott Opfer dar, wie wir in 1. Mose 4,3–5 lesen: »Und es geschah nach geraumer Zeit, dass Kain dem HERRN ein Opfer darbrachte von den Früchten des Erdbodens. Und auch Abel brachte [ein Opfer] dar von den Erstlingen seiner Schafe und von ihrem Fett. Und der HERR sah Abel und sein Opfer an; aber Kain und sein Opfer sah er nicht an. Da wurde Kain sehr wütend, und sein Angesicht senkte sich.« Ich glaube, wir alle kennen diese Geschichte und deren Ausgang. Aber bleiben wir kurz an dieser Stelle stehen, denn wie unser Pastor immer sagt: Das Bild dieser beiden ist ein echtes Goldnugget in der Bibel. Kain steht hier für solche Menschen, die versuchen, aus ihren Werken heraus Gottes Gunst zu erwerben. Abel hingegen tat nichts weiter, als Gott seinen Erstling zu geben: ein Lamm. Abel brachte ein Bild von Jesus dar.

Leider werden in 1. Mose 4 oft die Verse 6 und 7 überlesen, dort steht nämlich etwas sehr Wichtiges: »Und der HERR sprach zu Kain: Warum bist du so wütend, und warum senkt sich dein Angesicht? Ist es nicht so: Wenn du Gutes tust, so darfst du dein Haupt erheben? Wenn du aber nicht Gutes tust, so lauert die Sünde vor der Tür, und ihr Verlangen ist auf dich gerichtet; du aber sollst über sie herrschen!« Sünde wird auch oft als »Sühnopfer« übersetzt, und lauert wird oft mit »kauert« übersetzt. Siehst du es schon? Lesen wir es noch einmal: »Wenn du aber nicht Gutes tust, so **kauert** das **Sühneopfer** vor der Tür, und sein Verlangen ist auf dich gerichtet.« Vor Kains Tür lag ein Lamm, das für ihn als Erstlingsgabe gedacht war, doch er lehnte es ab und wollte Gott stattdessen mit seinen eigenen Werken beeindrucken.

DIE 7 DISPENSATIONEN:

2 — Gewissen (Adam, Abel)

Zeit:	Sündenfall – Sintflut (1. Mo 4,1 – 1. Mo 8,14)
Dauer:	1657 Jahre
Bund / Art:	Adamitischer Bund / bilateral (1. Mo 3,15)
Person:	Adam / Abel
Bedingung:	dem Gewissen von Gut und Böse folgen
Evangelium:	das Opferlamm vor der Tür
Versagen:	Übertretung des Gewissens
Gericht:	Sintflut
Opfer:	Blutopfer / das Opferlamm Abels

Kommt dir das bekannt vor? »Ich muss noch dies tun, ich muss noch jenes tun, damit ich Gott gefalle!« Es gibt viele Christen, die diese Last bedauerlicherweise tagein, tagaus mit sich herum schleppen und das Gefühl haben, etwas tun zu müssen, damit Gott sie hört, damit er mit ihnen spricht oder sie heilt. Doch für all das liegt ihr »Opferlamm« schon bereit, sie müssen es nur empfangen, annehmen und in ihr Leben lassen: Jesus Christus.

Was mit Kain passierte, nachdem Gott mit ihm geredet hatte, wissen wir alle. Kain wurde zornig auf seinen Bruder Abel und erschlug ihn. Der erste Mord in der Menschheitsgeschichte war nun eine Tatsache. Gott verfluchte Kain, der von da an auf der Flucht war. Mit Kain kam die Übertretung des Gewissens, die sich durch seine Nachkommen auf der Erde verbreitete. Kurz gesagt: Die Sünde nahm auf der Welt überhand – bis zu dem Zeitpunkt, als in der Bibel ein Mann namens Noah auftauchte.

Die Dispensation der Regierung – Noah

Wahrscheinlich gibt es niemanden auf der Welt, der Noah und dessen Arche nicht kennt; du als Leser dieses Buches kannst jedenfalls mit Sicherheit sagen, dass dir der Name Noahs schon einmal untergekommen ist.

Wusstest du aber, dass Noah die letzte noch vorhandene gerechte Person auf Erden war? Er war der Letzte seiner Zeit, der Gnade beim Herrn fand. Das lesen wir in Hebräer 11,7: »Wie kam es, dass Noah nach Gottes Anweisungen eine Arche baute, um seine Familie zu retten? Der Grund dafür war sein Glaube. Noah nahm die göttliche Warnung ernst, obwohl von dem angedrohten Unheil noch nichts zu sehen war. Durch sein Vertrauen auf Gott verurteilte er ›den Unglauben‹ der damaligen Welt; er selbst aber wurde ein Erbe jener Gerechtigkeit, deren Grundlage der Glaube ist.«

Wie kam es, dass Noah der Letzte war, den Gott noch als gerecht ansah?

Mit dem Tod und der Sünde erlangte ein anderer die Herrschaft über die Welt. Der Teufel hatte seinen großen Auftritt. Ihm wurde prophezeit, dass der Same ihn zermalmen würde. Daraufhin versuchte der Teufel immer und immer wieder Gottes Werk zu zerstören. Sein erster Versuch bestand in der Ermordung Abels, aber Gott war größer, und Seth trat an die Stelle von Abel. Der zweite Zerstörungsversuch erfolgte durch die Vermischung der Engel mit den Menschentöchtern. Das waren keine Engel des Himmels, sondern gefallene Engel, die zusammen mit dem Teufel aus dem Himmel geworfen wurden – du erinnerst dich, darüber haben wir ganz am Anfang dieses

Buches gesprochen. Der dritte Versuch, und darüber werden wir auch noch sprechen, war der Bau des Turmes in Babel.

Aber zurück zu Noah und seiner Arche. Er baute also diese Arche. Wie die wohl aussah, als sie fertig war? Stell dir nur vor, wie groß sie gewesen sein muss. Doch die wichtigere Frage lautet: Warum sandte Gott die Flut und löschte alles Leben auf der Erde aus? Die Antwort ist: Er wusch die Welt von der Sünde rein. Die Welt war von Sünde übersät und konnte auf andere Weise nicht gerettet werden. Gott konnte ja nicht wie bei einem Computerspiel einfach zu einem früheren Speicherzeitpunkt zurückgehen und einen Spielstand laden, bei dem alles noch in Ordnung war. Er musst also reinen Tisch machen, damit Noah als »Adam 2.0« die Welt neu bevölkern könnte.

Nach der Sintflut konnten die Menschen sich wieder auf der Erde ausbreiten und vermehren. Gott schloss einen Bund mit Noah. Von diesem lesen wir in 1. Mose 9,6–9: »Wer Menschenblut vergießt, dessen Blut soll auch durch Menschen vergossen werden; denn im Bild Gottes hat Er den Menschen gemacht. Ihr aber, seid fruchtbar und mehrt euch und breitet euch aus auf der Erde, dass ihr zahlreich werdet darauf! Und Gott redete zu Noah und zu seinen Söhnen mit ihm und sprach: Siehe, ich richte meinen Bund auf mit euch und mit eurem Samen, der nach euch kommt.«

Von diesem Zeitpunkt an müssen die Nachkommen Noahs aus Erzählungen gewusst haben, was in den Sternen stand und wie es zu deuten war.

Dieses Wissen wurde aber nur so lange weitergereicht, bis ein anderer Charakter auf der Bildfläche erschien. In 1. Mose 10,8 ist von ihr zu lesen: »Auch zeugte Kusch den Nimrod; der war der erste Machthaber auf Erden.« Nimrod war ein Machtmensch, der erste Imperialist; er wollte ein Weltimperium aufbauen und versuchte, die Menschen durch sein Bauprojekt – den Turm von Babel – zusammenzuhalten. Zudem wollte er sich selbst am Himmel ein Zeichen setzen und sich auf diese Weise mit Gott gleichstellen.

Alte assyrische Tafeln zeigen, wie die Dreifaltigkeit dargestellt wurde: Der Vater als Lichtstrahl, der Sohn als Same (für den Samen der Frau) und der Geist in Form einer Taube. Als erster Schritt der Pervertierung wurde Jesus, also der Same, und somit die persönliche Beziehung, aus der Dreieinigkeit entfernt. Das geschah mit dem Ziel, den damaligen Priestern und Gelehrten mehr Macht zu übertragen. Was wäre da naheliegender, als den Samen durch den Imperialisten Nimrod zu ersetzen? Aber da war noch nicht Schluss. Wenn man schon den Samen ersetzt, warum dann nicht auch die Mutter als Sternbild mit einbeziehen? Also wurden die gottähnlichen Tugenden und Kräfte des »Samens« von Sohn auf Mutter übertragen. Der Fokus lag somit nicht länger auf den Sternen am Himmel über den Menschen, sondern auf Nimrod und seiner Mutter, die zu dem Zeitpunkt obendrein seine Ehefrau war.

Schon das ist eine ungeheurliche Geschichte, zumal Noah und die Flut nicht schon Tausende von Jahre her waren. Es wird davon ausgegangen, dass diese Geschehnisse 100 bis 310 Jahre danach stattfanden. Aber es kommt noch heftiger, denn auch Gott selbst wurde aus dem Bild verbannt. Die Menschen konnten sich nämlich noch erinnern, dass die Sterne eine Bedeutung hatten. Nur blickten sie mit verdrehten Vorstellungen und falschen Absichten in den Sternenhimmel. Sie sahen den Sohn, also Nimrod und die Mutter. Aber vom Vater gab es kein Bild mehr in den Sternen, obwohl der Vater in allem offenbart ist. Stattdessen nahm die Schlange seinen

Platz ein und vervollständigte die unheilige Dreifaltigkeit. Der Teufel höchstpersönlich nahm den Platz unseres Abba-Vaters ein!

Der Weg war nun also frei für die Mythologie, die Anbetung der Sterne, die Menschenopfer und für viele andere schreckliche religiöse Praktiken.

Der Turmbau von Babel markiert also den Beginn der falschen Religionen und die Verdrängung des Gottesdienstes durch Götzendienst. In 1. Mose 11,4 lesen wir dies: »Und sie sprachen: Wohlan, lasst uns eine Stadt bauen und einen Turm, dessen Spitze bis an den Himmel reicht, dass wir uns einen Namen machen, damit wir ja nicht über die ganze Erde zerstreut werden!«

Gott sah sich das Ganze an und sagte dann: »Siehe, sie sind ein Volk, und sie sprechen alle eine Sprache, und dies ist [erst] der Anfang ihres Tuns! Und jetzt wird sie nichts davor zurückhalten, das zu tun, was sie sich vorgenommen haben. Wohlan, lasst uns hinabsteigen und dort ihre Sprache verwirren, damit keiner mehr die Sprache des anderen versteht! So zerstreute der HERR sie von dort über die ganze Erde, und sie hörten auf, die Stadt zu bauen.« Das Gericht folgte umgehend in Form der Sprachenverwirrung.

Somit lässt sich sagen, dass die menschliche Kultur, wie wir sie heute kennen, ihren Anfang in Babylon nahm. Aus diesem Grund weisen auch die meisten Religionen unserer Tage Gemeinsamkeiten auf. Die falsche Mutter und der falsche Messias sind überall zu finden, so beispielsweise in Assyrien (Tammuz und Aschtare), Ägypten (Isis und Osiris), im indischen Hinduismus (Ishvara und Isi), Griechenland (Saturn und Rhea), Rom (Jupiter und Juno) und sogar in China (Shing-Moo als die »Heilige Mutter«).

Wer würde da nicht denken: *Wäre ich Gott, ich hätte alles gleich wieder weggeschwemmt und ein weiteres Mal von neuem begonnen!* Aber Gottes Plan ist vollkommen und sehr viel besser als all unsere eigenen Ideen und Gedanken. Halleluja.

DIE 7 DISPENSATIONEN:

3 — Regierung (Noah)

Zeit:	Sintflut – Abraham (1. Mo 8,15 – 1. Mo 11,32)
Dauer:	426 Jahre
Bund / Art:	Noachitischer Bund / unilateral (1. Mo 9,9)
Person:	Noah
Bedingung:	Verteilung auf Erden und Unabhängigkeit der Völker
Evangelium:	die Arche Noah
Versagen:	falsche Religionen, Götzendienst und Imperialismus
Gericht:	Sprachenverwirrung
Opfer:	die Brandopfer Noahs

Die Dispensation der Verheißung – Abraham

Wie wir bereits wissen, war Abrahams Vater Terach ein Götzendiener. Was also wollte Gott mit dem Sohn eines Götzendieners? Gab es für sein Vorhaben keine geeignetere Person? Gott forderte Abraham auf, nach Kanaan zu gehen; damit holte er Abraham aus seinem Umfeld, das vom Götzendienst bestimmt war. In 1. Mose 12,1 lesen wir davon: »Der HERR aber hatte zu Abram gesprochen: Geh hinaus aus deinem Land und aus deiner Verwandtschaft und aus dem Haus deines Vaters in das Land, das ich dir zeigen werde!« Abraham verließ die Dispensation der Regierung. Aber was kam danach? Abraham war ja bekanntermaßen Chaldäer und wusste daher, was am Himmelszelt stand, allerdings wusste er es nicht zu deuten. Ihm wurden jedoch die Augen geöffnet, sodass er Gottes Plan in ganzer Fülle am Himmel sehen konnte und dazu auch den Plan, den Gott mit ihm persönlich hatte: »Und er führte ihn hinaus und sprach: Sieh doch zum Himmel und zähle die Sterne, wenn du sie zählen kannst! Und er sprach zu ihm: So soll dein Same sein!« (1Mo 15,5).

Es kommt aber noch besser, denn gemäß Galater 3,29 sind du und ich Nachkommen Abrahams: »Wenn ihr aber Christus angehört, so seid ihr Abrahams Same und nach der Verheißung Erben.«

Aber wie wir ja schon erfahren mussten, versagte auch Abraham. Er sollte eigentlich im verheißenen Land Kanaan bleiben, das ihm von Gott zugesprochen worden war, wie in 1. Mose 15,6–7 zu lesen ist: »Und Abram glaubte dem HERRN, und das rechnete Er ihm als Gerechtigkeit an. Und Er sprach zu ihm: Ich bin der HERR, der dich von Ur in Chaldäa herausgeführt hat, um dir dieses Land zum Erbbesitz zu geben.« Doch er verließ das zugesprochene Land wieder, und seine Söhne Jakob und Isaak taten es im gleich. Das ging so lange in der Weise weiter, bis Joseph in ein fremdes Land, nach Ägypten, versklavt wurde, wo er schlussendlich auch verstarb: »Und Joseph starb, 110 Jahre alt; und man balsamierte ihn ein und legte ihn in einen Sarg in Ägypten« (1Mo 50,26). Dies ist zugleich ein Bild für die Gefangenschaft Israels in Ägypten.

Wäre Abraham doch nur in Kanaan geblieben, dann wäre alles gut gewesen, könnte man denken. Doch wahrscheinlicher ist, dass dann eben jemand anderes zu einem späteren Zeitpunkt auf die Idee gekommen wäre, weiterzuziehen. Aber Gott wusste all das schon im Voraus und er wusste auch, was bzw. wer als Nächstes kommen würde.

DIE 7 DISPENSATIONEN:

4 — Verheißung (Abraham)

Zeit:	Abraham – ägyptische Gefangenschaft (1. Mo 12,1 – 2. Mo 18,27)
Dauer:	430 Jahre
Bund / Art:	Abrahamitischer Bund / unilateral (1. Mo 15,6)
Person:	Abraham
Bedingung:	im verheißenen Land bleiben
Evangelium:	der Same Abrahams (Christus)
Versagen:	Verlassen des verheißenen Landes
Gericht:	Gefangenschaft und Sklaverei in Ägypten
Opfer:	Brandopfer Abrahams (Isaak)

Die Dispensation des Gesetzes – Mose

Wir sind jetzt bei der Dispensation des Gesetzes angelangt. »Lass mein Volk ziehen«, sagte Mose zum Pharao. Der wollte nicht hören und Gott schickte die Plagen über Ägypten. Die zehnte und heftigste Plage brachte den Pharao dann endlich dazu, das Volk ziehen zu lassen.

Auf einen bestimmten Aspekt der zehnten Plage lohnt es sich, näher einzugehen. Kannst du dich erinnern, was Gott Mose auftrug und was die Israeliten demnach machen sollten, damit der Fluch nicht auch auf ihre Häuser käme? In 2. Mose 12,7 steht, dass sie angewiesen wurden, ein makelloses männliches Lamm zu nehmen, es zu schlachten und sein Blut auf die Türpfosten zu streichen. Hier der genaue Wortlaut: »Und sie sollen von dem Blut nehmen und damit beide Türpfosten und die Oberschwellen der Häuser bestreichen, in denen sie essen.« Den Rest des Lammes sollten sie braten und essen – nicht in Wasser kochen oder roh essen, sondern braten. Weißt du, wofür diese beiden Bilder – der Türpfosten und das gebratene Lamm – stehen? Sie zeugen vom Opfer Jesu am Kreuz. Sein Blut wurde auf dem Holz für uns vergossen, dabei durchlitt er unsägliche Schmerzen für uns.

Zurück zur Dispensation des Gesetzes. Als das Volk am Berg Sinai lagerte, rief Gott Mose zu sich auf den Berg. In 2. Mose 19,4–5 lesen wir, was er Mose zu sagen hatte: »Ihr habt gesehen, was ich an den Ägyptern getan habe und wie ich euch auf Adlersflügeln getragen und euch zu mir gebracht habe. Wenn ihr nun wirklich meiner Stimme Gehör schenken und gehorchen werdet und meinen Bund bewahrt, so sollt ihr vor allen Völkern mein besonderes Eigentum sein; denn die ganze Erde gehört mir.« Gott sprach hier den Bund mit Abraham an, denn dieser Bund galt noch immer – bis zu diesem einen Satz der Israeliten in 2. Mose 19,8: »Da antwortete das ganze Volk miteinander und sprach: **Alles, was der HERR gesagt hat, das wollen wir tun!** Und Mose überbrachte dem HERRN die Antwort des Volkes.« Das Volk stützte sich nicht länger auf die Segnungen Abrahams, sondern wollte sich den Segen selber verdienen. Es kam, wie es kommen musste: Mose gab dem Volk die zehn Gebote, die durch Gott auf Steintafeln geschrieben wurden.

Das Gesetz ist seiner Art nach leicht zu verstehen, doch verstößt du auch nur gegen ein einziges der zehn Gebote, hast du damit alle gebrochen. Es ist dann völlig egal, ob du neun Gebote gehalten hast – gebrochen ist gebrochen. Die zehn Gebote sind sowohl unbeugbar als auch heilig. Dies musste das Volk Israel schmerzlich erfahren, als Mose mit dem ersten Satz Steintafeln zurückkehrte. Als Mose vom Berg kam, zerbrach er die Steintafeln mit den zehn Geboten darauf: »Es geschah aber, als er nahe zum Lager kam und das Kalb und die Reigentänze

DIE 7 DISPENSATIONEN:

5 — Gesetz (Mose)

Zeit:	Berg Sinai – Pfingsttag (2. Mo 19,1 – Apg 1,26)
Dauer:	1491 Jahre
Bund / Art:	Mosaischer Bund / bilateral (2. Mo 19,8)
Person:	Mose
Bedingung:	Segen / Fluch durch Halten / Brechen der Gebote
Evangelium:	die Stiftshütte
Versagen:	die Ablehnung des Messias (des Propheten)
Gericht:	Zerstörung Jerusalems und des Tempels 70 A. D.
Opfer:	fünf Hauptopfer des Mosaischen Gesetzes

sah, da entbrannte Moses Zorn, und er warf die Tafeln weg und zerschmetterte sie unten am Berg« (2Mo 32,19). Gott war jedoch so gnädig und gab Mose zwei neue Steintafeln mit den zehn Geboten darauf. Aber nicht nur diese Weisungen gab Gott Mose mit auf den Weg, sondern auch die für den Bau der Stiftshütte. In 2. Mose,35–40 wird der Bau der Stiftshütte genauestens beschrieben. Lies selbst – die Beschreibung ist so detailliert, dass heute noch ein Nachbau möglich wäre.

Mose wurden der Brandopferaltar, das Waschbecken, die Schaubrote, die Menora, der Räucheraltar und die Bundeslade gezeigt. Was jetzt kommt, ist ein weiteres Goldnugget aus der Bibel, auch wenn es sich dabei nur um einen kleinen Teil einer sehr viel größeren Offenbarung handelt. Bereit? Dann sieh es dir an:

1. Der Brandopferalter: Jesu vollendetes Werk am Kreuz
2. Das Waschbecken: Jesus, der uns von aller Sünde reinwäscht
3. Die Schaubrote: Jesus, das Brot des Lebens
4. Die Menora: Jesus, das Licht der Welt
5. Der Räucheraltar: Jesus, der Wohlgeruch Gottes
6. Die Bundeslade: Jesus, der Thron der Gnade

Wow. Kannst du es sehen? Mit der Stiftshütte hatte Gott Mose gegenüber Jesus offenbart. Wie gesagt, das ist nur ein kleiner Teil der ganzen Offenbarung der Stiftshütte.

Das Volk Israel versäumte es jedoch, den Messias zu akzeptieren – und darin bestand das eigentliche Versagen der Dispensation des Gesetzes. Die Israeliten verehrten lieber weiterhin das Gesetz, anstatt den Verheißenen anzunehmen. Das war ein Fehler, denn als Jesus am Kreuz hing und

DER BRANDOPFERALTAR

Jesu vollendetes Werk am Kreuz

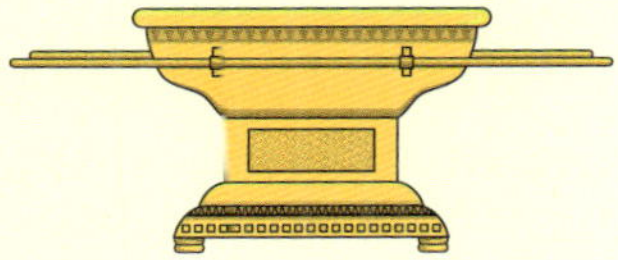

DAS WASCHBECKEN

Jesus — der uns von aller Sünde reinwäscht

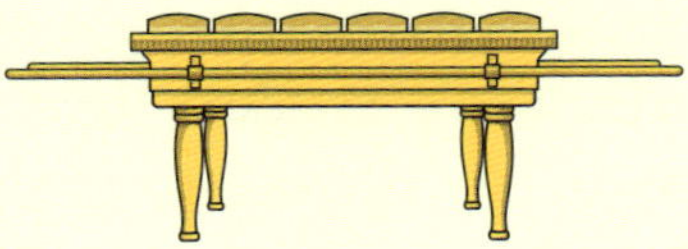

DIE SCHAUBROTE

Jesus — das Brot des Lebens

DIE MENORA

Jesus — das Licht der Welt

DER RÄUCHERALTAR

Jesus — der Wohlgeruch Gottes

DIE BUNDESLADE

Jesus — der Thron der Gnade

den einen, alles verändernden Satz aussprach – »Es ist vollbracht!« –, wurde das Gesetz durch Jesus Christus erfüllt und außer Kraft gesetzt.

Bist du nicht auch froh darüber, dass du und ich das Gesetz nicht mehr halten müssen? Bitte nicht falsch verstehen – das Gesetz ist heilig und wird es immer bleiben. Aber die Gewissheit zu haben, dass Jesus Christus es für uns erfüllt hat und wir durch Christus gerecht gemacht sind, nimmt eine enorme Last von den Schultern. Mit dem Tod Jesu Christi am Kreuz wurden alle unsere Sünden von uns genommen. Alle Sünden? Ja, ALLE unsere Sünden, denn der Tod wurde besiegt, der Stachel des Gesetzes wurde entfernt und du und ich dürfen frei von aller Schuld leben. Halleluja.

Matthäus 5,17–19 sagt: »Ihr sollt nicht meinen, dass ich gekommen sei, um das Gesetz oder die Propheten aufzulösen. Ich bin nicht gekommen, um aufzulösen, sondern um zu erfüllen! Denn wahrlich, ich sage euch: Bis Himmel und Erde vergangen sind, wird nicht ein Buchstabe noch ein einziges Strichlein vom Gesetz vergehen, bis alles geschehen ist. Wer nun eines von diesen kleinsten Geboten auflöst und die Leute so lehrt, der wird der Kleinste genannt werden im Reich der Himmel; wer sie aber tut und lehrt, der wird groß genannt werden im Reich der Himmel.« AMEN.

Die Dispensation der Gnade – Paulus

Willkommen in der Gegenwart. Du hast richtig gelesen. Wir befinden uns in der Dispensation der Gnade, eine Zeitspanne, die seit knapp zweitausend Jahren andauert. Sie wurde mit der Rückkehr Christi in den Himmel und der Ausgießung des Heiligen Geistes eingeläutet und dauert bis zum heutigen Tag an.

»Siehe, es kommen Tage, spricht der HERR, da ich mit dem Haus Israel und mit dem Haus Juda einen neuen Bund schließen werde« (Jer 31,31). Der Herr spricht hier ganz klar von einem neuen Bund, also nicht vom Bund des Gesetzes, sondern von einem völlig andersartigen Bund. In Matthäus 26,28 sagt Jesus: »Denn das ist mein Blut, das des neuen Bundes, das für viele vergossen wird zur Vergebung der Sünden.«

Bis zu jenem Zeitpunkt zeigte sich Gott nur einem, nämlich seinem auserwählten Volk. Doch dank Gottes Heilsplan in Christus, der allen Menschen galt, änderte sich das. Im Epheser 3,2–6 sehen wir dies genauer beschrieben: »Ihr habt ja gewiss von der Haushalterschaft der Gnade Gottes gehört, die mir für euch gegeben worden ist, dass er mich das Geheimnis durch Offenbarung wissen ließ, wie ich zuvor kurz geschrieben habe. Daran könnt ihr, wenn ihr es lest, meine Einsicht in das Geheimnis des Christus erkennen, das in früheren Generationen den Menschenkindern nicht bekannt gemacht wurde, wie es jetzt seinen heiligen Aposteln und Propheten durch den Geist geoffenbart worden ist, dass nämlich die Heiden Miterben und mit zum Leib Gehörige und Mitteilhaber seiner Verheißung sind in Christus durch das Evangelium.«

Wow, damit sind wir gemeint! Wir sind Miterben am Bund der Gnade. Das Gesetz war nie für die Gemeinde bestimmt. Ab dem Moment, als Jesus auferstand, wurden wir zu dem, wozu wir nach dem Plan Gottes schon immer bestimmt waren: Miterben und Mitteilhaber seiner Verheißung in Jesus Christus. Das Zeitalter des christlichen Gaubens begann und brachte diese frohe Kunde auch zu den Heiden.

Du fragst dich jetzt bestimmt, worin das Versagen unserer Dispensation bestehen könnte. Das lässt sich schnell beantworten: Sie besteht in der Ablehnung des Glaubens und der Zurückweisung der Gnade Gottes. Irrlehre, falsche Lehre, gar keine Lehre – alles Fehler und Versäumnisse, die von Menschen begangen werden und für sie zu einer sieben Jahre andauernden Trübsalszeit führen werden. Dazu kommen wir gleich noch, aber erst folgt eine kurze Erklärung, warum Gnade von Anfang an der eigentliche Wille Gottes war.

Der Zeitraum der Dispensation der Gnade geht mit einem Highlight zu Ende, das wohl eines der größten der Bibel ist. Auch wenn die betreffende Thematik von vielen nicht gerne angesprochen oder behandelt wird, so werden diese Ereignisse dennoch unweigerlich kommen. Die Rede ist von der Entrückung der Gemeinde und dem Hochzeitsfest des Lammes.

Wir, die Verfasser dieses Buches, sind fest davon überzeugt, dass wir – und auch du, lieber Leser, liebe Leserin – die Entrückung miterleben werden. MARANATHA, der Herr kommt bald. Es gibt Dutzende Theorien, was genau an jenem Tag passieren wird, aber nur der Herr selbst kennt das Wann und das Wie. Nicht einmal seine Engel haben Kenntnis davon, so steht es in der Offenbarung. Es gibt viele tolle Predigten zu diesem Thema. Wir selbst werden es hier jedoch nicht weiter vertiefen, weil das den Rahmen dieses Buches sprengen würde.

DIE 7 DISPENSATIONEN:

6 — Gnade (Paulus)

Zeit:	Pfingsten – Wiederkunft Christi (Apg 2,1 – Offb 19,21)
Dauer:	seit 2000 Jahren andauernd
Bund / Art:	Neuer Bund / unilateral (Matt 26,28)
Person:	Paulus
Bedingung:	das Geschenk der Gerechtigkeit annehmen
Evangelium:	die Gnade Gottes (in Person)
Versagen:	Ablehnung des Glaubens und der Gnade
Gericht:	Entrückung und sieben Jahre Trübsal
Opfer:	das Lamm Gottes (Christus)

Warum Gnade?

Wir schieben hier kurz ein Thema ein, weil es nirgendwo besser hinpassen könnte. Hast du dich auch schon mal gefragt, warum die Gnade einen derart wichtigen Platz einnimmt? Warum es die Gnade und die unverdiente Gunst Gottes überhaupt gibt?

Gnade war schon immer der zentrale Punkt in Gottes Plan. Er war von Anfang an gnädig mit den Menschen. Hätte er Adam nicht einfach vernichten können? Ja sicher, das hätte er, doch er war gnädig und verschonte Adams Leben. Und war es bei Noah, Abraham, Jakob, Mose und vielen anderen nicht genauso? Auch als sein Volk dauernd murrte und sich ständig beklagte, zeigte er sich gnädig und versorgte die Menschen tagtäglich mit frischem Manna vom Himmel.

Die Gnade zieht sich wie ein roter Faden durch die gesamte Bibel.

Als Jesus in der Synagoge von Nazareth war, las er aus dem Buch Jesaja vor: »Der Geist des Herrn ist auf mir, weil er mich gesalbt hat, den Armen frohe Botschaft zu verkünden; er hat mich gesandt, zu heilen, die zerbrochenen Herzens sind, Gefangenen Befreiung zu verkünden und den Blinden, dass sie wieder sehend werden, Zerschlagene in Freiheit zu setzen, um zu verkündigen das angenehme Jahr des Herrn« (Lk 4,18–19). Von welchem »Jahr« ist hier die Rede? Gemeint ist die Dispensation der Gnade.

Du willst wissen, worauf sich diese Aussage stützt? Kennst du die Parallelstelle in Jesaja, die dem eben gelesenen Abschnitt in Lukas 4 zugrundeliegt? Es ist Jesaja 61,1–2 – sieh dir genau an, was dort steht: »Der Geist des HERRN, des Herrschers, ist auf mir, weil der HERR mich gesalbt hat, den Armen frohe

Botschaft zu verkünden; er hat mich gesandt, zu verbinden, die zerbrochenen Herzens sind, den Gefangenen Befreiung zu verkünden und Öffnung des Kerkers den Gebundenen, um zu verkündigen das angenehme Jahr des HERRN und den Tag der Rache unseres Gottes, und um zu trösten alle Trauernden.«

Bemerkst du den Unterschied? Jesus ist nicht gekommen, um uns zu richten. Der letzte Teil des Satzes fehlt in Lukas 4. Es ist mehr als unwahrscheinlich, dass Jesus diesen Abschnitt einfach nur vorzulesen vergaß. Nein, er hat ihn absichtlich weggelassen.

In Johannes 1,16–17 finden wir eine ganz wunderbare Wahrheit: »Und aus seiner Fülle haben wir alle empfangen Gnade um Gnade. Denn das Gesetz wurde durch Mose gegeben; **die Gnade und die Wahrheit ist durch Jesus Christus geworden.**«

Und Galater 3,5 sagt uns: »Überlegt doch einmal: Wieso gibt Gott euch seinen Geist? Wieso lässt er Wunder bei euch geschehen? Tut er das, weil ihr die Vorschriften des Gesetzes befolgt, oder tut er es, **weil ihr der Botschaft glaubt, die euch verkündet wurde?**«

Das Millennium – Jesus

Freust du dich auch schon auf diese Zeit? Maranatha, der Herr kommt bald. Die Wiederkunft Christi, diese wunderbare Hoffnung, von der wir auch in Titus 2,13 (HFA) lesen: »Denn wir warten darauf, dass sich unsere wunderbare Hoffnung erfüllt: dass unser großer Gott und Retter Jesus Christus in seiner ganzen Herrlichkeit erscheinen wird.«

Im Tausendjährigen Reich wird der unsichtbare Gaube sichtbar werden: Die ganze Welt wird Jesus sehen.

Das Tausendjährige Reich wird in Offenbarung 20,1–15 beschrieben. In den Versen 2 und 3 lesen wir Folgendes: »Und er ergriff den Drachen, die alte Schlange, die der Teufel und der Satan ist, und band ihn für tausend Jahre und warf ihn in den Abgrund und schloss ihn ein und versiegelte über ihm, damit er die Völker nicht mehr verführen kann, bis die tausend Jahre vollendet sind. Und nach diesen muss er für kurze Zeit losgelassen werden.«

Was wird im Tausendjährigen Reich anders sein?

Christus wird regieren! Jeremia, 30,9 (HFA) sagt es: »Mir wird es dienen, dem HERRN, seinem Gott, und einem Nachkommen von David, den ich als König über sie einsetze.« Es wird ein Zeitalter des Friedens und Wohlstands für alle Völker sein. In Jesaja 2,4 steht hierzu: »Und er wird Recht sprechen zwischen den Heiden und viele Völker zurechtweisen, sodass sie ihre Schwerter zu Pflugscharen schmieden werden und ihre Speere zu Rebmessern; kein Volk wird gegen das andere das Schwert erheben, und sie werden den Krieg nicht mehr erlernen.« Es wird Friede im Tierreich herrschen; der Löwe wird beim Lamm liegen. Jesaja 11,6–8 spricht davon: »Da wird der Wolf bei dem Lämmlein wohnen und der Leopard sich bei dem Böcklein niederlegen. Das Kalb, der junge Löwe und das Mastvieh werden beieinander sein, und ein kleiner Knabe wird sie treiben. Die Kuh und die Bärin werden miteinander weiden und ihre Jungen zusammen lagern, und der Löwe wird Stroh fressen wie das Rind. Der Säugling wird spielen am Schlupfloch der Natter und der Entwöhnte seine Hand nach der Höhle der Otter ausstrecken.« Im Millennium wird es eine gemeinsame Sprache geben, wie wir aus Zefenja 3,9 erfahren: »Dann aber will ich den Völkern andere, reine Lippen geben, dass sie alle den Namen des HERRN anrufen und ihm einträchtig dienen.« Es wird gegen Ende dieser Zeit auch Ungläubige und Sünder geben. In Offenbarung 20,7–8 steht es geschrieben: »Und wenn die tausend Jahre vollendet sind, wird der Satan aus seinem Gefängnis losgelassen werden, und er wird ausgehen, um die Heidenvölker zu verführen, die an den vier Enden der Erde leben, den Gog und den Magog, um sie zum Kampf zu versammeln, deren Zahl wie der Sand am Meer ist.«

Und was werden wir machen, fragst du dich? Wir, die Erlösten in unseren verherrlichten Leibern, werden mit unserem Herrn mitregieren und den natürlichen Menschen im Millennium als Priester und Könige dienen: als Verwalter über Städte und Nationen, als Richter über Nationen und Engel, als geistliche Lehrer und Unterweisende.

DIE 7 DISPENSATIONEN:

7 — Millennium (Jesus)

Zeit:	Wiederkunft Christi – Ewiges Gericht (Offb 20,1-15)
Dauer:	1000 Jahre
Bund / Art:	sichtbare Erfüllung Neuer Bund / unilateral (Heb 8,8)
Person:	Jesus (der König)
Bedingung:	den König als Herrn annehmen
Evangelium:	die Herrschaft des Königs
Versagen:	Ungehorsam gegenüber dem König
Gericht:	Feuersee und Endgericht
Opfer:	das Lamm Gottes / Erstlingsgaben

Die Ewigkeit – Gott

Unser ewiges Zuhause wird sichtbar. Das neue Jerusalem zeigt sich. In Johannes 14,2–3 sagt Jesus: »Im Haus meines Vaters sind viele Wohnungen; wenn nicht, so hätte ich es euch gesagt. Ich gehe hin, um euch eine Stätte zu bereiten. Und wenn ich hingehe und euch eine Stätte bereite, so komme ich wieder und werde euch zu mir nehmen, damit auch ihr seid, wo ich bin.« Und in Hebräer 11,10 heißt es: »Denn er [Abraham] wartete auf die Stadt, welche die Grundfesten hat, deren Baumeister und Schöpfer Gott ist.«

Es wird zudem einen neuen Himmel und eine neue Erde geben. Das lesen wir in 1. Korinther 15,24–28: »... danach das Ende, wenn er das Reich Gott, dem Vater, übergeben wird, wenn er jede Herrschaft, Gewalt und Macht beseitigt hat. Denn er muss herrschen, bis er alle Feinde unter seine Füße gelegt hat. Als letzter Feind wird der Tod beseitigt. Denn ›alles hat er seinen Füßen unterworfen‹. Wenn es aber heißt, dass ihm alles unterworfen ist, so ist offenbar, dass derjenige ausgenommen ist, der ihm alles unterworfen hat. Wenn ihm aber alles unterworfen sein wird, dann wird auch der Sohn selbst sich dem unterwerfen, der ihm alles unterworfen hat, damit Gott alles in allen sei.«

Auch Jesus sprach von der Ewigkeit. In Lukas 20, 34–36 steht: »Und Jesus antwortete ihnen und sprach: Die Kinder dieser Weltzeit heiraten und lassen sich heiraten; diejenigen aber, die gewürdigt werden, jene Weltzeit zu erlangen und die Auferstehung aus den Toten, die werden weder heiraten noch sich heiraten lassen, denn sie können nicht mehr sterben; denn sie sind den Engeln gleich und Söhne Gottes, da sie Söhne der Auferstehung sind.« Und in Jesaja 9,6 heißt es: »Die Mehrung der Herrschaft und der Friede werden kein Ende haben auf dem Thron Davids und über seinem Königreich, dass er es gründe und festige mit Recht und Gerechtigkeit von nun an bis in Ewigkeit. Der Eifer des HERRN der Heerscharen wird dies tun!«

Ab diesem Zeitpunkt wird es kein Versagen und kein Gericht mehr geben. Wir werden in Ewigkeit mit Gott zusammen sein. Freust du dich auch schon darauf?

Weißt du noch, was im Garten Eden stand? Dieser eine Baum, von dem Adam und Eva nach Herzenslust essen durften? Der wird auch in der Ewigkeit eine Rolle spielen, womit sich der Kreis schließt. Aber lies selbst: »In der Mitte zwischen ihrer Straße und dem Strom, von dieser und von jener Seite aus, [war] der Baum des Lebens, der zwölfmal Früchte trägt und jeden Monat seine Frucht gibt, jeweils eine; und die Blätter des Baumes dienen zur Heilung der Völker« (Off 22,2).

Gott hat an alles gedacht – vom Anfang bis zum Schluss. Weißt du auch, wie die Bibel endet? In Offenbarung 22,21 schließt sie mit diesem Satz: »Die Gnade unseres Herrn Jesus Christus sei mit euch allen! Amen.« Und genau das ist auch unser Wunsch für dich, lieber Leser, liebe Leserin!

DIE 7 DISPENSATIONEN:

Die Ewigkeit (Gott)

Zeit:	Ewigkeit (Offb 21,1 – Offb 22,5)
Dauer:	die Zeitlichkeit wandelt sich zur Ewigkeit
Bund / Art:	Gottes neue Schöpfungsordnung im Neuen Bund
Person:	Gott alles in allem (der Vater)
Bedingung:	–
Evangelium:	das neue Jerusalem und der Baum des Lebens
Versagen:	–
Gericht:	–
Opfer:	Der Thron Des Lammes

04

Gesetz vs. Gnade

Wie wir im vorigen Kapitel gesehen haben, sind wir aktuell im Zeitalter der Gnade. Du fragst dich jetzt vielleicht, warum ausgerechnet Gnade? Warum sind wir nicht unter dem Gesetz, sondern unter der Gnade? Und genau diese Frage nehmen wir jetzt etwas genauer unter die Lupe.

Lass uns gleich zu Anfang dieses Kapitels eines festhalten: Das Gesetz ist ohne Wenn und Aber heilig. Doch es war zu keiner Zeit für uns bestimmt.

Vielleicht sagst du jetzt empört: »Aber das stimmt doch so gar nicht!« Hör einfach kurz zu und lass es dir erklären – möglicherweise wird dadurch auch von deinem Herzen ein Stein weggerollt.

Weißt du noch, wie Mose seinem Volk die zehn Gebote brachte? Wir haben bei der Vorstellung der einzelnen Dispensationen kurz darüber gesprochen. In 2. Mose 20 sind die zehn Gebote niedergeschrieben. In 2. Mose 24,12 lesen wir dann: »Und der HERR sprach zu Mose: Steige zu mir herauf auf den Berg und bleibe dort, so will ich dir die steinernen Tafeln geben und das Gesetz und das Gebot, das ich geschrieben habe, um sie zu unterweisen!«

Das Gesetz, oder die Zehn Gebote, wurde gegeben, um die Menschen des Volkes Israel zu unterweisen. Ihnen sollte bewusst werden, wann und womit sie das von Gott gegebene Gesetz übertraten.

Das Gesetz besteht aus 613 Geboten, wobei die Zehn Gebote den Kern des Gesetzes bilden. Die Zehn Gebote wurden von Gott geschrieben, die restlichen 603 Gebote wurden durch Engel übermittelt. Das lesen wir auch in Galater 3,19: »Wozu nun das Gesetz? Der Übertretungen wegen wurde es hinzugefügt, bis der Same käme, dem die Verheißung gilt, und es ist durch Engel übermittelt worden in die Hand eines Mittlers.« Mit dem Mittler ist Mose gemeint, der die Gebote übermitteln durfte.

Das war bestimmt ziemlich anstrengend. Er musste nicht nur einmal, sondern gleich zweimal auf den Berg hoch, bekam dort zwei steinerne, sicher nicht ganz leichte Tafeln, mit denen er anschließend wieder hinabsteigen musste. Es gab zu jener Zeit wohl kaum schon bequeme Wanderwege zum Gipfel hoch, geschweige denn gute Wanderschuhe oder Transporthilfen. Das Ganze war mit Sicherheit mühevoll und kräftezehrend. Aber weißt du was? Mose trug die Steintafeln den Berg hinunter und hin zu seinem Volk. Auch Jesus trug diese steinernen Gebotstafeln. Doch er trug sie in sich – mit dem Kreuz auf den Schultern, geschlagen und von allen verspottet – den Berg hinauf und von seinem Volk weg, als er Golgatha erklomm.

Kannst du schon erkennen, warum das Gesetz gegeben wurde? Es wurde gegeben, um auf den Erlöser, auf Jesus Christus hinzuweisen. Als Gott seinem Volk die Zehn Gebote gab, wusste er bereits, dass es die Gebote nicht würde halten können. Er wusste aber auch, dass Jesus kommen würde, um das Gesetz stellvertretend für uns zu erfüllen. Das Gesetz weist somit auf Jesus hin, der kommen würde, um es zu erfüllen.

Wusstest du, dass Mose nicht der Erste war, der dem Volk Israel Gebote brachte? In 1. Mose 2,16–17 steht: »Und Gott der HERR gebot dem Menschen und sprach: Von jedem Baum des Gartens darfst du nach Belieben essen; aber von dem Baum der Erkenntnis des Guten und des Bösen sollst du nicht essen; denn an dem Tag, da du davon isst, musst du gewisslich sterben!« Hast du das Wort »Gebot« gesehen? Gott gab Adam schon im Garten ein Gebot. Der Baum der Erkenntnis des Guten und des Bösen ist ein Bild für das Gesetz. Denn das Gesetz zeigt auf, was du tun und was du unterlassen sollst.

Im Römer 3,20 steht: »...weil aus Werken des Gesetzes kein Fleisch vor ihm gerechtfertigt werden kann; denn durch das Gesetz kommt Erkenntnis der Sünde.« Das Gesetz zeigt uns, was Sünde ist, und gibt uns ein Bewusstsein für unsere eigenen Sünden. Wir sollten uns aber nicht auf das Gesetz konzentrieren, sondern auf das Erlösungswerk Jesu am Kreuz. Auch schon im Garten Eden war Jesus zu sehen. Du weißt nicht, wo? Im Baum des Lebens, denn wen sonst sollte dieser versinnbildlichen, wenn nicht Jesus?

Wenn wir unsere Aufmerksamkeit ständig auf das Gesetz richten, sehen wir mit der Zeit nur noch unsere Übertretungen und verlieren das Erlösungswerk Jesu aus dem Blick. Das lässt sich mit einer Mauer vergleichen, die du zwischen dir und der Sonne errichtest. Irgendwann siehst du das Sonnenlicht nicht mehr. Und die Sonne kann auch nicht durch den Stein hindurch scheinen.

Möchtest du sehen, in welcher Weise Gott sich gnädig zeigte, als er die Zehn Gebote gab? Als Mose auf dem Berg Sinai war, goss das Volk unterdessen ein goldenes Kalb aus dem Gold, das man aus Ägypten mitgenommen hatte, und betete es an. In 2. Mose 32,3–4 lesen wir von der Anfertigung des Kalbes: »Da riss sich das ganze Volk die goldenen Ohrringe ab, die an ihren Ohren waren, und sie brachten sie zu Aaron. Und er nahm es aus ihrer Hand entgegen und bildete es mit dem Meißel und machte ein gegossenes Kalb. Da sprachen sie: Das sind eure Götter, Israel, die dich aus dem Land Ägypten heraufgeführt haben!« Gott wurde daraufhin sehr zornig und wollte das Volk bestrafen, wie wir in 2. Mose 32,10–11 lesen: »So lass mich nun, damit mein Zorn gegen sie entbrennt und ich sie verzehre; dich aber will ich zu einem großen Volk machen! Mose aber besänftigte das Angesicht des HERRN, seines Gottes, und sprach: Ach HERR, warum will dein Zorn gegen dein Volk entbrennen, das du mit so großer Kraft und starker Hand aus dem Land Ägypten geführt hast?« Gott hatte Mitleid und ließ von seiner Drohung ab: »Da tat es dem Herrn leid und er ließ das angedrohte Unheil nicht über sie kommen« (2Mo 31,14 NLB). Gott war gnädig mit seinem Volk.

Danach stieg Mose mit den Tafeln hinunter, wie in den Versen 15–16 zu lesen ist: »Mose aber wandte sich um und stieg vom Berg hinab, die zwei Tafeln des Zeugnisses in seiner Hand; diese waren auf beiden Seiten beschrieben, vorn und hinten waren sie beschrieben. Und die Tafeln waren das Werk Gottes, und die Schrift war die Schrift Gottes, eingegraben in die Tafeln.« Wow – mit der Handschrift Gottes, geschrieben auf Stein! Merke dir das bitte, denn darauf werden wir später noch einmal zu sprechen kommen.

Hätte nun Mose seinem Volk die Zehn Gebote gebracht, hätte er es auch den Zehn Geboten entsprechend bestrafen müssen. Das heißt, die Israeliten hätten allesamt sterben müssen, denn in Hesekiel 18,20 steht: »Die Seele, welche sündigt, die soll sterben!« Doch Mose stieg hinab und zerschmetterte die Tafeln. »Es geschah aber, als er nahe zum Lager kam und das Kalb und die Reigentänze sah, da entbrannte Moses Zorn, und er warf die Tafeln weg und zerschmetterte sie unten am Berg (2Mo 32,19).« War er über das Benehmen seines Volkes derart wütend, dass er gleich alles hinschmiss, was Gott ihm gegeben hatte? Nein – er *musste* die Steintafeln vor den Augen seines Volkes zerschmettern, ansonsten wäre das Volk von Gottes Strafe ereilt worden. Gott ließ zu, dass anstelle des Volkes die Steintafeln zerschmettert wurden.

Gott gab das Gesetz nicht, damit es eingehalten würde, sondern er gab es, um auf den Erlöser, Jesus Christus, hinzuweisen.

In Jesaja 53,5 lesen wir: »Doch er wurde um unserer Übertretungen willen durchbohrt, wegen unserer Missetaten zerschlagen; die Strafe lag auf ihm, damit wir Frieden hätten, und durch seine Wunden sind wir geheilt worden.« Er wurde aufgrund unserer Gesetzesübertretungen bestraft; er trug die Strafe, damit wir Frieden haben würden. Das gesamte Gesetz lastete auf den Schultern Jesu, als er am Kreuz für uns die Strafe auf sich nahm. Er steht für unsere Verfehlungen unter dem Gesetz stellvertretend ein, damit wir nicht unter dem Gesetz vegetieren müssen, sondern unter seinem Segen leben können. »Denn Christus ist das Ende des Gesetzes zur Gerechtigkeit für jeden, der glaubt« (Röm 10,4). Am Kreuz rief Jesus: »Es ist vollbracht!« Das Gesetz wurde durch ihn erfüllt. Sein Erlösungswerk für uns, für dich und für mich, war damit abgeschlossen. Römer 7,6 sagt hierzu Folgendes: »Jetzt aber sind wir vom Gesetz frei geworden, da wir dem gestorben sind, worin wir festgehalten wurden, sodass wir im neuen Wesen des Geistes dienen und nicht im alten Wesen des Buchstabens.«

Jesus starb und nahm damit die Strafe für sämtliche Gesetzesübertretungen voll und ganz auf sich. Er starb für jede einzelne Übertretung in deinem Leben – für die bereits begangenen, aber auch für alle, die du noch begehen wirst. Denn als Jesus für uns am Kreuz starb, lagen schließlich alle unsere Übertretungen noch in der Zukunft. Somit wurden alle Übertretungen – vergangene, gegenwärtige wie auch zukünftige – von Jesus am Kreuz getragen. Halleluja. Danke, Jesus!

Um es kurz zusammenzufassen: Das Gesetz wurde nicht zum Zweck der Einhaltung gegeben, sondern um auf Jesus hinzuweisen. Die Zehn Gebote, die Gott gab, waren also nicht dazu gedacht, möglichst gut eingehalten zu werden. Die Menschen sollten dazu gebracht werden, Gott nicht mehr aus eigener Kraft gefallen zu wollen, sondern seinen Sohn stellvertretend das machen zu lassen, wozu der Mensch zu keiner Zeit in der Lage war: Den Anforderungen des Gesetzes gerecht zu werden und das Gesetz bis ins Letzte zu erfüllen.

Wie schon gesagt, das Gesetz ist heilig. Das schreibt auch Paulus im Römerbrief: »Heben wir nun das Gesetz auf durch den Glauben? Das sei ferne! Vielmehr bestätigen wir das Gesetz« (Röm 3,31).

Im Galater 3,24–25 (NGÜ) lesen wir: »Das Gesetz war also unser Aufseher, ›unter dessen strenge Hand Gott uns gestellt hatte‹, bis Christus kam; denn es war Gottes Plan, uns auf der Grundlage des Glaubens für gerecht zu erklären. Und jetzt, wo ›die Zeit‹ des Glaubens da ist, stehen wir nicht mehr unter ›der Kontrolle‹ jenes Aufsehers.« Wen meint Paulus hier mit »uns«? Uns, die Gemeinde? Ganz gewiss nicht. Mit »uns« meinte Paulus die Juden. Denn das Gesetz galt für die Juden solange, bis der Messias kam und es erfüllte. Nur leider akzeptierten die Juden Jesus nicht als Messias und verstießen ihn; stattdessen zogen sie es vor, weiterhin unter dem Gesetz zu leben.

Jetzt kommt die Frage aller Fragen: Bist du ein Israelit? Versteh das bitte nicht falsch, denn es geht nicht darum, ob du Jude bist oder nicht. Es geht darum, ob du unter den 613 Gesetzen und Geboten lebst.

Falls es so sein sollte, ist es wirklich toll, dass du dieses Buch liest, und wir würden uns freuen, von dir zu erfahren, was du davon hältst. Aber die Wahrscheinlichkeit ist groß, dass die Mehrheit der Leser keine jüdischen Gläubigen, sondern Christen sind. Wenn auch du Christ bist, bedeutet das, dass du zur Gemeinde Christi gehörst, richtig? Dann richtet sich dieser Vers aus dem Epheserbrief auch an dich: »Früher hattet ihr keinerlei Beziehung zu Christus. Ihr hattet keinen Zugang zum israelitischen Bürgerrecht und wart ausgeschlossen von den Bündnissen, die Gott mit seinem Volk eingegangen war; seine Zusagen galten ihnen und nicht euch. Euer Leben in dieser Welt war ein Leben ohne Hoffnung, ein Leben ohne Gott« (Eph 2,12 NGÜ).

Dieser Vers gilt also dir, aber hast du ihn auch gut gelesen? Ist dir dieser Teil aufgefallen: »... und wart ausgeschlossen von den Bündnissen.« Das würde ja heißen, dass wir von dem Bündnis Mose und dem Gesetz ausgeschlossen wären, nicht wahr?

In Römer 3,19 (NGÜ) lesen wir: »So sagt es das Gesetz, und wir wissen: Alles, was das Gesetz sagt, richtet sich **an die, denen es gegeben wurde**. Damit wird jeder Mund zum Schweigen gebracht; die ganze Welt ist vor Gott als schuldig erwiesen.«

Auch Römer 2,14 (NGÜ) spricht davon: »Wenn nun Menschen, die nicht zum jüdischen Volk gehören und mit dem Gesetz Gottes daher nicht in Berührung gekommen sind, von sich aus so handeln, wie es das Gesetz fordert, dann ist dieses Gesetz, auch wenn sie es nicht kennen, offensichtlich ein Teil von ihnen selbst.«

Das Gesetz wurde den Juden gegeben, nicht den Heiden. Es wurde den Juden gegeben, solange Mose da war, danach kam aber der Erlöser, Jesus Christus. In 5. Mose 4,8 steht: »Und wo ist ein so großes Volk, das so gerechte Satzungen und Rechtsbestimmungen hätte, wie dieses ganze Gesetz, das ich euch heute vorlege?« Mit dem »großen Volk« war zu jener Zeit Israel gemeint.

Auch die Psalmen sprechen davon, dass das Gesetz nicht uns gegeben wurde. Psalm 147,19–20 (NLB): »Er hat Jakob sein Wort offenbart und Israel seine Gebote und Gesetze verkündet. Keinem anderen Volk hat er sie gegeben; und sie kennen seine Gesetze nicht. Halleluja!« Auch Maleachi 3,22 berichtet davon: »Gedenkt an das Gesetz Moses, meines Knechtes, das ich ihm auf dem Horeb für ganz Israel befohlen habe, an die Satzungen und Rechte!«

Spätestens jetzt werden Stimmen laut, die behaupten, wir seien Gesetzlose. Das ist jedoch klar zu verneinen. Denn unser Gesetz ist Jesus Christus. In Galater 6,1–2 (EÜ) ist zu lesen: »Brüder und Schwestern, wenn ein Mensch sich zu einer Verfehlung hinreißen lässt, so sollt ihr, die ihr vom Geist erfüllt seid, ihn im Geist der Sanftmut zurechtweisen. Doch gib Acht, dass du nicht selbst in Versuchung gerätst! Einer trage des anderen Last; so werdet ihr das Gesetz Christi erfüllen.«

Nicht das Gesetz wurde uns gegeben, sondern Jesus wurde uns gegeben, und mit ihm der Heilige Geist.

In Hebräer 10,15–16 (EÜ) steht geschrieben: »Das bezeugt uns auch der Heilige Geist; nachdem er gesagt hat: ›Dies ist der Bund, den ich nach diesen Tagen mit ihnen schließen werde‹ – spricht der Herr: ›Ich lege meine Gesetze in ihr Herz und schreibe sie in ihr Denken hinein‹.«

Was in unser Herz hineingelegt und in unser Denken hineingeschrieben wurde, sind nicht die Zehn Gebote. Hier ist vom Heiligen Geist die Rede, der uns gegeben wurde und der uns bei unserer Wiedergeburt versiegelt hat. Durch diese Wiedergeburt wurden wir in Jesus errettet und gerecht gemacht.

In Timotheus 1,8–9 heißt es: »Wir wissen aber, dass das Gesetz gut ist, wenn man es gesetzmäßig anwendet und berücksichtigt, dass einem Gerechten kein Gesetz auferlegt ist, sondern Gesetzlosen und Widerspenstigen, Gottlosen und Sündern, Unheiligen und Gemeinen, solchen, die Vater und Mutter misshandeln, Menschen töten.« Du und ich, wir wurden mit der Wiedergeburt zu Gerechten in Jesus Christus. Somit ist das Gesetz nicht für uns bestimmt. Halleluja.

Diese Gewissheit zu haben, macht dankbar und froh, nicht wahr? Amen! Denn das Gesetz wird nicht *durch* uns, sondern *in* uns erfüllt, und zwar durch den Heiligen Geist: »Damit die Gerechtigkeit, die das Gesetz fordert, in uns erfüllt werde, die wir nun nicht nach dem Fleisch wandeln, sondern nach dem Geist« (Röm 8,4).

Wir möchten dir noch kurz die Härte des Gesetzes vor Augen führen. Hier bei uns in der Schweiz gibt es fast 300 Gesetze und 2500 Verordnungen, was im Vergleich zu vielen anderen Ländern noch moderat ist. Es gibt verschiedene Gesetze wie das Obligationsrecht oder das Zivilgesetzbuch. Wenn ich gegen eines dieser Gesetze verstoße, mache ich mich durch die Übertretung schuldig. Wenn beispielsweise die Parkuhr abläuft und das Auto noch steht, werde ich als Parksünder abgestempelt und bekomme einen Strafzettel aufgebrummt. Das ist dir bestimmt auch schon mal passiert, oder? Nun, die Zehn Gebote unterscheiden sich da nicht. Nehmen wir eines, das wohl jeder kennt: »Du sollst nicht stehlen.« Wenn du nun etwas stiehlst, hast du demnach gesündigt. Du hast gegen die Zehn Gebote verstoßen und müsstest daher bestraft werden. Stimmt doch, oder? Mal ehrlich – bist du nicht auch froh, dass uns das Gesetz nicht gegeben wurde?

Jetzt könnte man insgeheim vielleicht denken, dass Gott bestimmt Gnade vor Recht walten lässt, wenn man nur ein Gebot bricht, dafür aber die anderen neun hält. Doch was das anbelangt, sind die Regeln klar und messerscharf: Hat man nur ein Gebot gebrochen, ist es egal, wie viele man hält; man hat dann trotzdem gegen das ganze Gesetz verstoßen.

Um es kurz zusammenzufassen: Das Gesetz wurde nicht zum Zweck der Einhaltung gegeben, sondern um auf Jesus hinzuweisen. Es wurde außerdem nie den Heiden gegeben, sondern nur den Juden. Schlussendlich wurde das Gesetz durch Jesu Tod und seine Auferstehung außer Kraft gesetzt.

Aber das ist noch lange nicht alles. Gottes Gnade beinhaltet so viel mehr als »nur« die Aufhebung des Gesetzes. Je besser du mit seiner Gnade vertraut bist, desto deutlicher kannst du es sehen.

Solltest du jetzt noch Zweifel haben, ob das Gesetz uns nun gilt oder nicht, dann gibt es ein paar Bibelstellen, die deinen »Stein« sicherlich wegrollen lassen. Zum Beispiel gleich mal diese hier: »Wenn ihr versucht, mit Hilfe des Gesetzes vor Gott gerecht dazustehen, habt ihr euch aus der Verbindung mit Christus gelöst, und euer Leben steht nicht mehr unter der Gnade« (Gal 5,4 NGÜ). Wenn wir uns also selbst wieder unter das Gesetz stellen, hindern wir Jesus daran, für uns einzustehen und unsere Übertretungen für uns zu tragen.

Dann haben wir Hebräer 7,18–19 (NGÜ): »Damit ist also die Ordnung, die früher galt, außer Kraft gesetzt, weil sie sich als ohnmächtig erwies und ›letztlich‹ keinen Nutzen brachte; das Gesetz ist nicht imstande gewesen, zur Vollkommenheit zu führen. An die Stelle jener Ordnung ist etwas getreten, was uns eine Hoffnung gibt, die alles Frühere in den Schatten stellt, und was uns einen ungehinderten Zugang zu Gott möglich macht.«

Die Ordnung, die früher galt, steht für das Gesetz, das durch Mose gegeben wurde. An die Stelle jener Ordnung ist etwas getreten, das uns eine Hoffnung gibt: Jesus Christus.

In Galater 3,5 (NGÜ) lesen wir: »Überlegt doch einmal: Wieso gibt Gott euch seinen Geist? Wieso lässt er Wunder bei euch geschehen? Tut er das, weil ihr die Vorschriften des Gesetzes befolgt, oder tut er es, weil ihr der Botschaft glaubt, die euch verkündet wurde?«. Wie du siehst: Es geht nicht darum, das Gesetz zu erfüllen, sondern der Botschaft zu glauben. Und in Hebräer 10,9–10 steht: »Siehe, ich komme, um deinen Willen, o Gott, zu tun«. [Somit] hebt er das Erste auf, um das Zweite einzusetzen. Aufgrund dieses Willens sind wir geheiligt durch die Opferung des Leibes Jesu Christi, [und zwar] ein für alle Mal.« Er hebt das Gesetz auf, damit er Gnade einsetzen kann – durch Jesus Christus.

Auf den Punkt bringt es jedoch Römer 7,6 hiermit: »Jetzt aber sind wir vom Gesetz frei geworden, da wir dem gestorben sind, worin wir festgehalten wurden, sodass wir im neuen Wesen des Geistes dienen und nicht im alten Wesen des Buchstabens.« Gemeint ist mit dem Buchstaben das geschriebene Gesetz Gottes. Wir dienen Gott durch seinen Geist und nicht durch die Erfüllung toter Buchstaben.

In Epheser 2,14–15 heißt es: »Ja, Christus selbst ist unser Frieden. Er hat die Zweiteilung überwunden und hat aus Juden und Nichtjuden eine Einheit gemacht. Er hat die Mauer niedergerissen, die zwischen ihnen stand, und hat ihre Feindschaft beendet. Denn durch die Hingabe seines eigenen Lebens hat er das Gesetz mit seinen zahlreichen Geboten und Anordnungen außer Kraft gesetzt. Sein Ziel war es, Juden und Nichtjuden durch die Verbindung mit ihm selbst zu einem neuen Menschen zu machen und auf diese Weise Frieden zu schaffen.« Lass dir diese Verse ruhig noch mal auf der Zunge zergehen.

Und weil es so schön ist, über die Erfüllung des Gesetzes zu schreiben, kommt hier noch eine Bibelstelle für dich, und zwar Galater 2, 19–21 (NGÜ): »In Wirklichkeit jedoch ›habe ich mit dem Gesetz nichts mehr zu tun;‹ ich bin durch das Urteil des Gesetzes dem Gesetz gegenüber gestorben, um ›von jetzt an‹ für Gott zu leben; ich bin mit Christus gekreuzigt. Nicht mehr ich bin es, der lebt, nein, Christus lebt in mir. Und solange ich noch dieses irdische Leben habe, lebe ich im Glauben an den Sohn Gottes, der mir seine Liebe erwiesen und sich selbst für mich hingegeben hat. Ich weise Gottes Gnade also nicht zurück, denn das Gesetz kann uns nicht dazu verhelfen, vor Gott gerecht dazustehen. Wäre es anders, dann hätte Christus nicht sterben müssen.«

Falls du dachtest, das wäre es jetzt gewesen, liegst du falsch. Also hol dir noch einen Espresso oder eine Tasse Tee, lehn dich zurück und lass dich in die Arme Jesus fallen, denn jetzt rollen wir den Stein endgültig weg!

»Denn wenn jener erste [Bund] tadellos gewesen wäre, so wäre nicht Raum für einen zweiten gesucht worden.« Das ist nicht bloß eine Behauptung, sondern steht so in Hebräer 8,7.

Der erste Bund, das Gesetz, funktioniert wie ein Spiegel. Wenn du in den Spiegel blickst, zeigt er dir schonungslos jeden Makel. Das liegt nicht daran, dass der Spiegel schlecht wäre, er gibt einfach nur die Wahrheit wieder. Darin ist er unbestechlich. Und egal, wie lange du in den Spiegel schaust, dein Makel geht dadurch nicht weg. Genauso ist es mit dem Gesetz. Es zeigt dir deine Makel – deine Sünden – auf. Das Gesetz selbst ist unfehlbar und heilig. »Es bleibt also dabei, dass das Gesetz heilig ist; seine Forderungen sind heilig, gerecht und gut« (Röm 7,12 NGÜ). Das Gesetz zeigt dir nur die Wahrheit, doch deinen Makel, deine Sünden wegnehmen kann es nicht. Und dazu war es auch nie gedacht.

Das Gesetz sagt: »Du sollst … du musst … du darfst nicht…«, es geht immer nur ums »Tun«. Der Fokus liegt auf dir und mir. Doch wenn wir erkennen, dass das Gesetz nie dazu da war, von uns erfüllt zu werden, sondern von Jesus, der um unseretwillen gekommen ist, dann sehen wir dieses »Tun« mit anderen Augen, denn dann wissen wir: Jesus hat alles getan, er hat das Gesetz ein für alle mal erfüllt.

Lass uns gemeinsam das Gesetz hinaustreiben, wie auch einst Hagar vertrieben wurde.

In Galater 4,21–31 (HFA) lesen wir: »Ihr wollt euch also dem Gesetz unterwerfen. Wisst ihr denn eigentlich, was im Gesetz steht? Dort heißt es, dass Abraham zwei Söhne hatte: einen von der Sklavin Hagar und einen von seiner Frau Sara, die als Freie geboren war. Der Sohn der Sklavin wurde geboren, weil Abraham endlich einen Sohn haben wollte, der Sohn der Freien dagegen, weil Gott ihn versprochen hatte. Am Beispiel dieser beiden Frauen will uns Gott zeigen, wie verschieden seine beiden Bündnisse mit den Menschen sind. Den einen Bund, für den Hagar steht, schloss Gott auf dem Berg Sinai mit dem Volk Israel, als er ihm das Gesetz gab. Dieses Gesetz aber versklavt uns. Hagar weist auf den Berg Sinai in Arabien hin. Er entspricht dem Jerusalem unserer Zeit, denen, die am Gesetz festhalten und deshalb nie frei werden. Die andere Frau aber, von der wir abstammen, ist frei. Sie weist auf das neue Jerusalem im Himmel hin. Von ihr heißt es in der Heiligen Schrift: »Sei fröhlich, du Unfruchtbare, auch wenn du nie ein Kind geboren hast. Juble und jauchze, du Kinderlose! Denn du, die du allein bist, wirst mehr Kinder haben als die

Frau, die einen Mann hat.« Liebe Brüder und Schwestern, ihr verdankt euer Leben wie Isaak der Zusage Gottes. Allerdings verfolgte schon damals der Sohn der Sklavin – der geboren wurde, weil Menschen es so wollten – den Sohn der Freien, der geboren wurde, weil Gott es wollte. Genauso ist es auch noch heute. Aber was sagt die Heilige Schrift dazu? »Jage die Sklavin und ihren Sohn fort! Denn der Sohn der Freien soll nicht mit ihm das Erbe teilen müssen!« Wir aber, meine lieben Brüder und Schwestern, sind nicht die Kinder der Sklavin, sondern der Freien!«

Paulus zeigt uns hier fünf gegensätzliche Paare auf.

1. ***Hagar und Sara.***
   Hagar steht für das Gesetz und Sara für die Gnade.
2. ***Ismael und Isaak.***
   Ismael steht für Gesetzlichkeit und Isaak
   für die Gerechtigkeit.
3. ***Die beiden Berge Sinai und Golgatha.***
   Auf dem Berg Sinai wurde das Gesetz gegeben,
   die Sklaverei. Golgatha steht für die Freiheit,
   die Jesus am Kreuz für uns erkauft hat.
4. ***Das jetzige Jerusalem und das neue Jerusalem.***
   Hier sehen wir das jetzige, in Sklaverei lebende irdische
   Jerusalem im Gegesatz zum himmlischen freien
   Jerusalem.
5. ***Dann erwähnt er noch die beiden Bündnisse:***
   Der mosaische Bund und der Bund Abrahams.
   Gesetz vs. Gnade.

Wir sehen hier also fünf Gleichnisse, in denen das Gesetz der Gnade gegenübergestellt wird. In 1. Mose 21,10 ist Folgendes zu lesen: »Da sprach sie zu Abraham: Treibe diese Magd hinaus mit ihrem Sohn; denn der Sohn dieser Magd soll nicht erben mit meinem Sohn Isaak!« Galater 4,30 greift diese Aussage auf: »Was aber sagt die Schrift? ›Treibe die Magd hinaus und ihren Sohn! Denn der Sohn der Magd soll nicht erben mit dem Sohn der Freien‹.« Die Bibel sagt also, wir sollen das Gesetz und die Gesetzlichkeit hinaustreiben. Denn die Sklavin – das Gesetz – kann nicht mit der Herrin – der Gnade –zusammen unter einem Dach wohnen.

Wenn du nun aber denkst, es gebe für uns keine Gebote zu halten, liegst du falsch. Johannes 13,34 sagt nämlich: »Ein neues Gebot gebe ich euch, dass ihr einander lieben sollt, damit, wie ich euch geliebt habe, auch ihr einander liebt.« Es handelt sich hierbei nicht um eine Nachbildung der Zehn Gebote. Nein, Jesus gab uns ein völlig neues Gebot: die Liebe.

In 1. Johannes 3,23 wird das bekräftigt: »Und das ist sein Gebot, dass wir glauben an den Namen seines Sohnes Jesus Christus und einander lieben, nach dem Gebot, das er uns gegeben hat.« Desweiteren lesen wir in Johannes 3,16: »Denn so [sehr] hat Gott die Welt geliebt, dass er seinen eingeborenen Sohn gab, damit jeder, der an ihn glaubt, nicht verlorengeht, sondern ewiges Leben hat.«

Stell dir vor, du wärst der einzige Mensch auf Erden. Meinst du, Gott hätte Jesus trotzdem geschickt, um dich zu retten? Das hätte er ganz sicher getan. Er hat die Welt so sehr geliebt, dass er seinen einzigen Sohn für uns – für jeden einzelnen von uns – gegeben hat. Er hat *dich* so sehr geliebt, dass er Jesus für *dich* hingegeben hat. Wenn wir so etwas hören, lesen oder gesagt bekommen – wie könnte es anders sein, als dass es uns mit großer Demut und mit Liebe und Zuneigung zu unserem himmlischen Vater erfüllt?

Sei dir sicher, dass Gott dich liebt. Auch wenn du dich nicht immer danach fühlst, er liebt dich. Er liebt dich jeden Moment deines Lebens. Auch wenn du Mist gebaut hast, wartet keine Strafe auf dich; es warten immer nur die weit ausgestreckten, liebevollen Arme unseres Herrn auf dich, bereit, dich jederzeit aufzufangen und fest zu umarmen. Sie drücken dich an das Herz des Vaters, der dir ins Ohr flüstert: »Ich liebe dich, mein Kind.« Wie es in Johannes 17,23 steht: »Ich in ihnen und du in mir, damit sie zu vollendeter Einheit gelangen, und damit die Welt erkenne, dass du mich gesandt hast und sie liebst, gleichwie du mich liebst.« Und in 1. Johannes 4,16–19 lesen wir: »Und wir haben die Liebe erkannt und geglaubt, die Gott zu uns hat. Gott ist Liebe, und wer in der Liebe bleibt, der bleibt in Gott und Gott in ihm. Darin ist die Liebe bei uns vollkommen geworden, dass wir Freimütigkeit haben am Tag des Gerichts, denn gleichwie Er ist, so sind auch wir in dieser Welt. Furcht ist nicht in der Liebe, sondern die vollkommene Liebe treibt die Furcht aus, denn die Furcht hat mit Strafe zu tun; wer sich nun fürchtet, ist nicht vollkommen geworden in der Liebe. Wir lieben ihn, weil er uns zuerst geliebt hat.«

Gott hat dich zuerst geliebt. Noch bevor du geboren wurdest, hat er dich geliebt. Er liebt dich auch jetzt, genau in diesem Moment, in dem du diese Zeilen liest. Hörst du ihn flüstern? ... »Ich liebe dich!«

Um es noch einmal zu wiederholen: Das Gesetz war nie dazu da, gehalten zu werden, sondern sollte auf Jesus hinweisen. Auch wurde das Gesetz nie den Heiden gegeben, sondern nur den Juden. Und durch Jesu Tod und Auferstehung wurde das Gesetz schlussendlich außer Kraft gesetzt. Wir leben jetzt in der Zeit der Gnade. Deshalb sollen wir die Sklavin, das Gesetz, aus unserem Leben hinaustreiben. Gott ist Liebe und er liebt dich. Das ist das neue Gebot: Glaube, geliebt zu sein!

Konnte all das deinen Stein des Gesetzes noch nicht ganz wegrollen? Dann kommt hier noch ein letzter Trumpf. Du kennst bestimmt die Geschichte von Lazarus, der verstorben war. In Johannes 11 ist sie in ganzer Länge zu lesen; wir kürzen sie jedoch etwas ab und lesen nur die Verse 38–44 (NGÜ): »Während Jesus nun zum Grab ging, erfüllten ihn von neuem Zorn und Schmerz. Lazarus lag in einem Höhlengrab, dessen Eingang mit einem großen Stein verschlossen war. ›Wälzt den Stein weg!‹, befahl Jesus. ›Herr‹, wandte Martha, die Schwester des Verstorbenen, ein, ›er ist doch schon vier Tage tot; der Leichnam riecht schon!‹ Aber Jesus sagte zu ihr: ›Habe ich dir nicht gesagt: Wenn du glaubst, wirst du die Herrlichkeit Gottes sehen?‹ Man nahm nun den Stein vom Eingang weg. Jesus richtete den Blick zum Himmel und sagte: ›Vater, ich danke dir, dass du mich erhört hast. Ich weiß, dass du mich immer erhörst. Aber wegen all der Menschen, die hier stehen, spreche ich es aus; ich möchte, dass sie glauben, dass du mich gesandt hast.‹ Danach rief er mit lauter Stimme: ›Lazarus, komm heraus!‹ Der Tote trat heraus, Füße und Hände mit Grabbinden umwickelt und das Gesicht mit einem Tuch verhüllt. ›Befreit ihn von den Tüchern und lasst ihn gehen!‹, befahl Jesus den Umstehenden.«

Hast du es gelesen? Jesus ging nicht zum Grab und sagte Lazarus, er solle von den Toten erwachen. Er legte ihm auch nicht die Hände auf, um ihn aufzuwecken. Jesus stand vor dem Grab, dem mit einem Stein verschlossenen Grab, und sagte, der Stein solle weggerollt werden. Der Stein steht in der Bibel sinnbildlich oft für das Gesetz. Denn die Zehn Gebote wurden auf steinernen Tafeln niedergeschrieben. Er ließ den Stein des Gesetzes wegrollen und befahl Lazarus, herauszukommen! Das gilt nicht nur für Lazarus, sondern auch für unser aller Leben. Wenn du den Stein des Gesetzes bereits weggerollt und die Gnade Gottes verstanden hast, dann Halleluja – was für ein Geschenk!

Eine Sache musst du wissen: Wenn du deinen Stein des Gesetzes wegrollen konntest und aus deiner »Gruft« der Werke und des Sündenbewusstseins heraustrittst, läufst du direkt in die offenen Arme unseres Herrn und in seine Gnade hinein, die seit Anbeginn der Zeit für dich vorgesehen war. Ich hoffe, wir konnten den Stein vor deinem Herzen wegrollen, sodass du die Liebe Gottes erkennen und sie empfangen konntest. Denn Christen sollen genau wie Lazarus in einem neuen Leben, dem Auferstehungsleben, ohne Stein leben können.

Wenn du nicht sicher bist, ob du die Liebe Gottes empfangen hast, dann lass uns zusammen ein einfaches Gebet sprechen, und lade Jesus in dein Leben ein:

»Lieber himmlischer Vater, ich danke dir für deinen Sohn Jesus Christus. Er ist gestorben und auferstanden, damit ich leben kann. Er hat alle meine Sünden getragen und ging für mich ans Kreuz. Jesus, werde mein Herr. Sei du mein Erlöser. Ich bekenne dich heute als meinen Herrn und Erlöser.«

Herzlich willkommen in der Familie Gottes, geliebtes Kind!

05

Die Sonne & der Mond

Die Sonne

Die Sonne wurde am vierten Tag der Schöpfung von Gott erschaffen. Das haben wir schon zu Beginn in 1. Mose 1,14 gelesen: »Und Gott sprach: Es sollen Lichter an der Himmelsausdehnung sein, zur Unterscheidung von Tag und Nacht, die sollen als Zeichen dienen und zur Bestimmung der Zeiten und der Tage und Jahre.« Gott setzte also Lichter ans Himmelszelt. Zwei Verse weiter, in Vers 16, wird dies noch genauer beschrieben: »Und Gott machte die zwei großen Lichter, das große Licht zur Beherrschung des Tages und das kleinere Licht zur Beherrschung der Nacht; dazu die Sterne.«

Die Sonne symbolisiert Christus, wie wir in Psalm 19,5–7 sehen: »Ihre Reichweite erstreckt sich über die ganze Erde, und ihre Worte bis ans Ende des Erdkreises. Er hat der Sonne am Himmel ein Zelt gemacht. Und sie geht hervor wie ein Bräutigam aus seiner Kammer und freut sich wie ein Held, die Bahn zu durchlaufen. Sie geht an einem Ende des Himmels auf und läuft um bis ans andere Ende, und nichts bleibt vor ihrer Glut verborgen.« Wir wissen, dass Jesus der Bräutigam der Gemeinde ist und geduldig auf seine Braut wartet. Auch wissen wir aus den vorhergehenden Kapiteln, dass das hier genannte Zelt gleichbedeutend mit dem Evangelium am Himmel ist und dass der Held, Jesus, dessen Bahn – die zwölf Sternbilder –, durchläuft. Von der Jungfrau bis zum Löwen. Der hellste Stern Sirius bedeutet »der Prinz« und zeigt uns dieselbe Geschichte auf wie das Sternbild »großer Hund« im Kapitel *Gemini, die Zwillinge*.

Wir haben uns quer durch die Bibel auf die Suche gemacht, um herauszufinden, ob es noch weitere Stellen gibt, in denen Jesus mit der Sonne in Verbindung gebracht wird. Und tatsächlich haben wir verschiedene Bibelstellen gefunden, die von der Sonne im Zusammenhang mit Jesus oder der Gemeinde sprechen. Lass sie uns gemeinsam lesen und schauen, welche Erkenntnis wir daraus gewinnen.

In Johannes 8,12 steht: »Jesus redete nun wieder zu ihnen und sprach: Ich bin das Licht der Welt; wer mir nachfolgt, wird nicht in der Finsternis wandeln, sondern wird das Licht des Lebens haben.« Jesus selbst spricht diese Worte und erklärt, dass diejenigen, die ihm nachfolgen und an ihn glauben, das Licht des Lebens haben. Sie werden es nicht erst bekommen, sondern sie *haben* es bereits. Sie werden den Tod nicht schmecken und sie besitzen das ewige Leben. Er ist das Licht der Welt, Halleluja.

In Psalm 84,12 steht: »Denn Gott, der HERR, ist Sonne und Schild; der HERR gibt Gnade und Herrlichkeit, wer in Lauterkeit wandelt, dem versagt er nichts Gutes.« Wenn wir Psalm 84 mit Johannes 8 verbinden, wissen wir, dass Gott uns nicht nur das ewige Leben geschenkt hat, sondern dass er auch unser Schild ist. Er beschützt uns in jeder Lage. Das wird auch in Psalm 91 bestätigt.

In 2. Samuel 23,3–4 steht: »Der Gott Israels hat geredet, zu mir hat der Fels Israels gesprochen: Ein gerechter Herrscher über die Menschen, ein Herrscher in der Furcht Gottes, der ist wie das Licht am Morgen, wenn die Sonne aufgeht, ein Morgen ohne Wolken, wenn durch ihren Glanz das junge Grün nach dem Regen aus der Erde sprosst.« Was gibt es Schöneres als einen Sonnenaufgang am Morgen? Wenn die Dunkelheit weicht und das Licht der Welt erstrahlt.

Ich glaube, jeder kennt diesen Moment, wenn man die Sonne am Horizont aufgehen sieht und dann diesen inneren Frieden spürt und eine Ruhe, die sich nur schwer beschreiben lässt. Es dürfte kaum jemanden geben, der nervös wird, wenn die Sonne aufgeht, oder es als unangenehm empfindet, wenn die ersten Sonnenstrahlen über dem Horizont zu sehen sind. Viele empfinden das Gleiche, wenn sie ins Gebet mit dem Herrn gehen: Friede und Freude kommt auf, eine innere Ruhe kehrt ein und die Sonne beginnt im Inneren zu strahlen.

Im Prediger 11,7 wird geschrieben: »Süß aber ist das Licht, und gut für die Augen ist es, die Sonne zu sehen.« Kann es sein, dass uns in diesem Vers geraten wird, unsere Augen auf Jesus zu richten? Die Bibel wird wohl kaum dazu auffordern, in den Himmelskörper Sonne zu blicken, was uns erblinden lassen würde. Nein, hier geht es darum, die Augen auf das sanfte, wärmende Licht Jesu zu richten.

In Jesaja 45,6 wird davon gesprochen, dass der Herr der alleinige Gott ist: »Damit man erkennt vom Aufgang der Sonne und von ihrem Untergang her, dass es außer mir gar keinen gibt. Ich bin der HERR – und sonst keiner.«

Jesaja 60,19–20: »Die Sonne wird nicht mehr dein Licht sein am Tag, noch der Mond dir als Leuchte scheinen, sondern der HERR wird dir zum ewigen Licht werden, und dein Gott zu deinem Glanz. Deine Sonne wird nicht mehr untergehen und dein Mond nicht mehr verschwinden; denn der HERR wird dir zum ewigen Licht werden, und die Tage deiner Trauer sollen ein Ende haben.« Welch wunderschöne Verse! Sie handeln davon, dass wir mit Jesus in unserem Herzen keine Dunkelheit mehr fürchten müssen. Er wird zum ewigen Licht werden und Sonne und Mond werden nie mehr verschwinden.

Auf diesen Vers kommen wir aber noch einmal zurück, wenn wir den Mond betrachten.

Weiter geht es mit Maleachi 3,20: »Aber euch, die ihr meinen Namen fürchtet, wird die Sonne der Gerechtigkeit aufgehen, und Heilung ist unter ihren Flügeln. Und ihr werdet hinausgehen und umherspringen wie Mastkälber.« Hier lesen wir davon, dass die Sonne der Gerechtigkeit in uns aufgeht. Nur einer hat aus uns Gläubigen Gerechte gemacht: Jesus, am Kreuz. Er hat uns mit seinem vollkommenen Opfer erkauft und zu Gerechten gemacht. In diesem Bibelvers steht aber noch mehr. Dort heißt es, wir erhalten Heilung unter seinen Flügeln. Dieser Vers steht ebenfalls in perfektem Einklang mit Psalm 91.

Matthäus 13,43: »Dann werden die Gerechten leuchten wie die Sonne in dem Reich ihres Vaters. Wer Ohren hat, der höre!« Dieser Vers stammt aus dem Gleichnis vom Unkraut, in dem Jesus erläutert, er werde seine Engel aussenden und die Gesetzlosigkeit in den Feuerofen werfen. Dann werden die Gerechten – die Wiedergeborenen, die Gemeinde – leuchten wie die Sonne, leuchten wie Jesus.

Kommen wir zu einem der eindrücklichsten Kapitel im Matthäusevangelium. In Matthäus 17,2 steht Jesus auf dem Berg der Verklärung: »Und er wurde vor ihnen umgestaltet. Und sein Angesicht leuchtete wie die Sonne, seine Kleider aber wurden weiß wie das Licht.« Jesus wurde vor den Augen seiner Jünger Petrus, Jakobus und Johannes zum Licht der Welt, zum Licht des Lebens. Das war aber noch nicht alles. In Matthäus 17,5 ist zu lesen: »Als er noch redete, siehe, da überschattete sie eine lichte Wolke, und siehe, eine Stimme aus der Wolke sprach: Dies ist mein geliebter Sohn, an dem ich Wohlgefallen habe; auf ihn sollt ihr hören!« Gott sprach ebenfalls mit Licht zu den Dreien auf dem Berg der Verklärung. Ein klares Bild dafür, dass Jesus Gott und Gott Jesus ist.

Auch in der Offenbarung wird von der Sonne gesprochen. In Offenbarung 1,16 steht: »Und er hatte in seiner rechten Hand sieben Sterne, und aus seinem Mund ging ein zweischneidiges, scharfes Schwert hervor, und sein Angesicht war, wie die Sonne leuchtet in ihrer Kraft.«

Auch beim Tod Jesu am Kreuz spielte die Sonne eine Rolle. In Lukas 23,44–45 lesen wir: »Es war aber um die sechste Stunde, und eine Finsternis kam über das ganze Land bis zur neunten Stunde. Und die Sonne wurde verfinstert, und der Vorhang im Tempel riss mitten entzwei.« Nicht nur wurde der Vorhang zwischen Gott und uns zerrissen, was uns freien Zugang zu ihm gab, ohne einen Hohenpriester haben zu müssen, sondern auch die Sonne verfinsterte sich. Eine normale Sonnenfinsternis dauert zwischen sieben und acht Minuten. Diese dauerte drei lange Stunden. Drei Stunden!

Wie wir später noch sehen werden, steht die Zahl Drei für die Dreieinigkeit von Gott, Jesus und dem Heiligen Geist.

Wir sehen also, dass Jesus, unser Licht des Lebens, immer wieder mit der Sonne in Verbindung gebracht wird. Und was ist mit dem Mond? Wofür steht dieser? Das bringt uns zum nächsten Kapitel.

Der Mond

Der Mond ist der Himmelskörper, der unserer Erde am nahesten ist. Sein Durchmesser beträgt etwa ein Drittel des Erddurchmessers. Der Mond leuchtet nur dann, wenn er von der Sonne angestrahlt wird. Erinnert uns das nicht an etwas? Ungefähr ein Drittel der Weltbevölkerung besteht aus Christen und diese kommen nur durch Jesus zum Licht der Welt. Es gibt aber noch mehr Verblüffendes. Eines der spektakulärsten Ereignisse am Himmel ist dann zu beobachten, wenn der Mond sich zwischen die Sonne und die Erde schiebt, also wenn die Gemeinde sich zwischen die Welt und unseren Herrn stellt. Man nennt dieses Ereignis eine Sonnenfinsternis. Zwar schon etwas Besonderes, aber noch nichts Spektakuläres. Wie wäre es dann mit diesem Ereignis, oder Phänomen, wie es die Wissenschaft nennt? Bei einer totalen Sonnenfinsternis wird die Korona, oder lateinisch corona für »Krone«, sichtbar. Und zwar geschieht dies, wenn der Mond die Sonne zu 99,99% verdeckt. Der Mond bekommt dann einen Lichtkranz, der einem leuchtenden Regenbogen rund um den Mond gleicht. Der Mond trägt sozusagen die Krone der Sonne. Weißt du auch, wer die Krone des Herrn tragen wird? Die Braut beim Hochzeitsfest.

Betrachten wir das Hochzeitsfest noch etwas genauer. Wenn die Sonne der Bräutigam ist, Jesus, muss der Mond die Braut sein, also die Gemeinde. Der Mond leuchtet nur, wenn die Sonne ihn anstrahlt. So wie die Braut – sie strahlt erst dann, wenn der Bräutigam sie zur Hochzeit abholt. Ohne den Bräutigam bleibt die Braut fahl wie der Mond. Für den Mond bildet die Sonne das Zentrum, um das er, gemeinsam mit der

Erde, treu seine Bahn zieht, bis zum Ende. Und auch für die Braut, die Gemeinde, bildet Jesus das Zentrum; um ihn dreht sie sich treu bis zur Ewigkeit.

Der Mond steht als treuer Zeuge am Himmel. Gleicherweise sollen wir als Gemeinde treue Zeugen Christi sein. Psalm 89,37–38: »Sein Same soll ewig bleiben und sein Thron wie die Sonne vor mir; wie der Mond soll er ewig bestehen, und wie der Zeuge in den Wolken zuverlässig sein!« (Sela)

Sterne in den Psalmen

Die ermutigendsten Verse der Bibel verstecken sich wie Goldstücke in den Psalmen. Wir haben einen Psalm gefunden, der uns eine tiefere Offenbarung gab. Wir möchten diesen Psalm zusammen lesen.

Psalm 19 – gelesen durch die Augen des Evangeliums am Himmel

Als wir noch im Studium waren und an diesem Buch schrieben, landeten wir wiederholt bei Psalm 19. Er stach immer wieder hervor, als wolle dieser Psalm uns etwas sagen. Kennst du das Gefühl, wenn du merkst, dass mehr hinter einem Vers oder Abschnitt steckt, als du im ersten Augenblick wahrgenommen hast? Du kommst dann immer und immer wieder auf die besagte Stelle zurück und weißt, da ist noch lange nicht alles gesagt. Lass uns diesen Psalm doch gemeinsam lesen.

Psalm 19

1 *Dem Vorsänger. Ein Psalm Davids.*
2 *Die Himmel erzählen die Herrlichkeit Gottes,*
und die Ausdehnung verkündigt das Werk seiner Hände.

3 *Es fließt die Rede Tag für Tag,*
Nacht für Nacht tut sich die Botschaft kund.
4 *Es ist keine Rede und es sind keine Worte,*
deren Stimme unhörbar wäre.
5 *Ihre Reichweite erstreckt sich über die ganze Erde,*
und ihre Worte bis ans Ende des Erdkreises.
Er hat der Sonne am Himmel ein Zelt gemacht.
6 *Und sie geht hervor wie ein Bräutigam aus seiner Kammer*
und freut sich wie ein Held, die Bahn zu durchlaufen.
7 *Sie geht an einem Ende des Himmels auf und läuft um bis*
ans andere Ende, und nichts bleibt vor ihrer Glut verborgen.
8 *Das Gesetz des HERRN ist vollkommen, es erquickt*
die Seele; das Zeugnis des HERRN ist zuverlässig, es macht
den Unverständigen weise.
9 *Die Befehle des HERRN sind richtig, sie erfreuen das Herz;*
das Gebot des HERRN ist lauter, es erleuchtet die Augen.
10 *Die Furcht des HERRN ist rein, sie bleibt in Ewigkeit;*
die Bestimmungen des HERRN sind Wahrheit,
sie sind allesamt gerecht.
11 *Sie sind begehrenswerter als Gold und viel Feingold,*
süßer als Honig und Honigseim.
12 *Auch dein Knecht wird durch sie belehrt,*
und wer sie befolgt, empfängt reichen Lohn.
13 *Verfehlungen – wer erkennt sie?*
Sprich mich los von denen, die verborgen sind!
14 *Auch vor mutwilligen bewahre deinen Knecht,*
damit sie nicht über mich herrschen; dann werde ich
unsträflich sein und frei bleiben von großer Übertretung!
15 *Lass die Worte meines Mundes und das Sinnen*
meines Herzens wohlgefällig sein vor dir, HERR,
mein Fels und mein Erlöser!

Ein wunderbarer Psalm. Er spricht von Gold, Honig, vom Felsen und Erlöser. An sich schon ein herrlicher Psalm, den jeder kennen sollte.

Liest man den Psalm mit dem Wissen, dass Abraham das Evangelium am Himmel gezeigt wurde, versteht man die Verse auf eine ganz andere Weise. Geh mit uns diesen Psalm Vers für Vers durch und wir werden versuchen, dir die empfangene Offenbarung näherzubringen.

2 *Die Himmel erzählen die Herrlichkeit Gottes,*
und die Ausdehnung verkündigt das Werk seiner Hände.

In der Elberfelder Übersetzung steht anstelle von Ausdehnung das Wort Himmelsgewölbe. Dasselbe hebräische Wort kommt in 1. Mose 1,6–8 vor. Ein Verweis darauf, dass das Werk seiner Hände seit Anbeginn am Himmelszelt erzählt wird.

3 *Es fließt die Rede Tag für Tag,*
Nacht für Nacht tut sich die Botschaft kund.

Hier wird unterschieden zwischen dem Tag, an dem die Menschen einander die Botschaft weitergeben, und der Nacht, wenn alle Stimmen verstummt sind und der Himmel selbst von seiner Herrlichkeit zeugt.

4 *Es ist keine Rede und es sind keine Worte,*
deren Stimme unhörbar wäre.

In diesem Vers wird uns gezeigt, dass die Botschaft nicht in Worten an den Himmel geschrieben steht, sondern in einer universellen Bildersprache. Dass sie in dieser Form ans Himmelszelt gehörte, stand für Gott von Anfang an fest. Den Grund dafür sehen wir später.

5 *Ihre Reichweite erstreckt sich über die ganze Erde,*
und ihre Worte bis ans Ende des Erdkreises.
Er hat der Sonne am Himmel ein Zelt gemacht.

Hier lesen wir, dass sich die Reichweite über die ganze Erde erstreckt, sodass jeder Mensch auf dieser Erde die Möglichkeit hat, diese Botschaft zu sehen.

6 *Und sie geht hervor wie ein Bräutigam aus seiner Kammer*
und freut sich wie ein Held, die Bahn zu durchlaufen.

In Vers sechs (die Sechs ist gemäß der hebräischen Gematrie die Zahl des Menschen) lesen wir, dass der Bräutigam aus seiner Kammer tritt und sich freut, das Evangelium am Himmel, welches eine Bahn darstellt, zu durchlaufen. Wir kennen nur einen Bräutigam, der geduldig auf seine Braut wartet, und das ist Jesus.

7 *Sie geht an einem Ende des Himmels auf und läuft um bis*
ans andere Ende, und nichts bleibt vor ihrer Glut verborgen.

Hier wird von einem Durchlauf gesprochen; das bedeutet, Jesus wird einmal den ganzen Weg gehen. Bei seinem zweiten Kommen wird er für alle sichtbar sein – »nichts bleibt vor ihrer Glut verborgen«.

Ab Vers acht lesen wir von der Erfüllung der Schrift. Aber sehen wir uns einen Vers nach dem anderen an.

8 *Das Gesetz des HERRN ist vollkommen, es erquickt*
die Seele; das Zeugnis des HERRN ist zuverlässig,
es macht den Unverständigen weise.

Gott hat sein Gesetz an den Himmel geschrieben. Nur, wem gilt dieses Gesetz und worin besteht es? Uns wurde ein

Gesetz gegeben – ein Gebot. In Johannes 13,34 steht es: »Ein neues Gebot gebe ich euch, dass ihr einander lieben sollt, damit, wie ich euch geliebt habe, auch ihr einander liebt.«
Nehmen wir dieses Wissen und lesen den Vers erneut, steht dort Folgendes: »Die Liebe des HERRN ist vollkommen, sie erquickt die Seele; das Zeugnis des HERRN ist zuverlässig, es macht den Unverständigen weise.«

9 *Die Befehle des HERRN sind richtig, sie erfreuen das Herz;*
das Gebot des HERRN ist lauter, es erleuchtet die Augen.

Auch in diesem Vers wird von dem Gebot und nicht von den Geboten gesprochen. – »Die Befehle des HERRN sind richtig, sie erfreuen das Herz; die Liebe des HERRN ist lauter, sie erleuchtet die Augen.« Wir sehen also die Liebe des Herrn am Himmel stehen.

10 *Die Furcht des HERRN ist rein, sie bleibt in Ewigkeit;*
die Bestimmungen des HERRN sind Wahrheit,
sie sind allesamt gerecht.

Wir sehen hier das ewige Opfer Jesu am Kreuz, denn die Furcht des Herrn ist rein, rein wie ein Lamm, und bleibt in Ewigkeit. Ewig wie unsere Errettung durch seinen Tod am Kreuz. »Die Bestimmungen des Herrn« heißt so viel wie: Er muss und wird seinen Weg wie in den Sternen beschrieben laufen.

11 *Sie sind begehrenswerter als Gold und viel Feingold,*
süßer als Honig und Honigseim.

Hier wird der Lohn für unseren Glauben an unseren Herrn beschrieben. Denn was ist begehrenswerter als Gold und süßer als Honig? Was kann man sich nicht kaufen und was wünscht sich jeder? Das ewige Leben! Das ewige Leben erhält man um keinen Preis, denn der Preis dafür wurde schon längst bezahlt – durch den Tod unseres Herrn Jesus Christus am Kreuz von Golgatha.

12 *Auch dein Knecht wird durch sie belehrt,*
und wer sie befolgt, empfängt reichen Lohn.

Wer ist wohl der Knecht, von dem hier die Rede ist? Ist es David? Ist es Abraham, der sich als Knecht Gottes sah? Davon ist auszugehen, denn Abraham wurde von Gott belehrt und glaubte ihm. Dadurch wurde er vor Gott als gerecht angesehen; es war der Lohn für seinen Glauben.

13 *Verfehlungen – wer erkennt sie?*
Sprich mich los von denen, die verborgen sind!

Ja, wer kennt sie nicht? Doch wer kann von sich sagen, er kenne jede seiner Verfehlungen? Aber lesen wir den Vers richtig: »Sprich mich los von denen, die verborgen sind!« – Das ist eine Forderung, ein Appell, keine Ermahnung. In diesem Vers werden wir von all unseren Verfehlungen freigesprochen.

14 *Auch vor mutwilligen bewahre deinen Knecht,*
damit sie nicht über mich herrschen; dann werde ich
unsträflich sein und frei bleiben von großer Übertretung!

In diesem Vers wird Gott darum gebeten, dass er uns vor mutwilligen Sünden bewahren und der Teufel nicht über uns herrschen soll. Hier wird uns auch die Erfüllung der Schrift gezeigt. Wenn wir auf Jesus schauen, dann schauen wir nicht auf unsere Sünden.

15 *Lass die Worte meines Mundes und das Sinnen meines Herzens wohlgefällig sein vor dir, HERR, mein Fels und mein Erlöser!*

Im letzten Vers lesen wir das Bekenntnis an Gott. Denn wenn wir Gott mit unseren Worten loben, wird unser Herz ihm wohlgefällig und wir kommen in eine immer innigere Beziehung zu ihm.

Auch sehen wir im letzten Vers des Psalms ein wunderbares Bild der Ewigkeit, in der wir mit dem, was über unsere Lippen kommt, unseren Herrn immer erfreuen werden.

Zeigen uns dieser Psalm und das Evangelium am Himmel nicht die unendliche Liebe Gottes? Zeigt es uns nicht, wie sehr er uns liebt? Wir sind jedes Mal von neuem überwältigt, wenn wir diesen Psalm lesen. Hoffentlich konnten wir auch dir einen besseren Einblick in die tiefere Wahrheit dieses Psalms vermitteln.

06

Jesus und die Sterne

Jeder kennt die Weihnachtsgeschichte.

Josef und die hochschwangere Maria sind auf dem Weg nach Betlehem und finden nur in einem Stall einen Platz. Jesus wird geboren und zur gleichen Zeit folgen drei Sterndeuter – Magoi genannt – dem Stern nach Betlehem. Sie finden das Jesuskind in einer Krippe. Sie fallen auf die Knie und bringen Jesus ihre Gaben dar: Gold, Weihrauch und Myrrhe. Das ist die Weihnachtsgeschichte kurz und knapp zusammengefasst.

Woher aber wussten die Sterndeuter, dass sie gerade diesem oder überhaupt einem Stern folgen sollten? Was bewegte sie dazu, und wo können wir in der Bibel davon lesen? In Matthäus 2,1–2 (NLB) steht: »Jesus wurde in der Stadt Bethlehem in Judäa während der Herrschaft von König Herodes geboren. In dieser Zeit kamen einige Sterndeuter aus einem Land im Osten nach Jerusalem und fragten überall: »Wo ist der neugeborene König der Juden? Wir haben seinen Stern im Osten gesehen und sind gekommen, um ihn anzubeten.«

Diese Sterndeuter, oder auch Weisen, erschienen nicht schon zur Geburt Jesu, denn wie wir lesen, suchten sie nach dem neugeborenen König. Matthäus 2,4–5 schildert, wie König Herodes darauf reagierte: »Und er rief alle obersten Priester und Schriftgelehrten des Volkes zusammen und erfragte von ihnen, wo der Christus geboren werden sollte. Sie aber sagten ihm: In Bethlehem in Judäa; denn so steht es geschrieben durch den Propheten.« Welcher Prophet hat dies geweissagt? Wenn es ein Prophet der Bibel war, muss es in der Bibel nachzulesen sein. Und so ist es auch, denn in Micha 5,1 lesen wir diese Prophezeiung: »Und du, Bethlehem-Ephrata, du bist zwar gering unter den Hauptorten von Juda; aber aus dir soll mir hervorkommen, der Herrscher über Israel werden soll, dessen Hervorgehen von Anfang, von den Tagen der Ewigkeit her gewesen ist.«

Schon Micha prophezeite also das Kommen Jesu und den Ort, wo er geboren würde. Das führt uns zu dem Schluss, dass auch die Weisen aus dem Morgenland mit der Schrift vertraut waren. Denn woher sonst hätten sie von dieser Prophetie gewusst? Auch in Jesaja 9,5 wird das Ereignis angekündigt: »Denn ein Kind ist uns geboren, ein Sohn ist uns gegeben; und die Herrschaft ruht auf seiner Schulter; und man nennt seinen Namen: Wunderbarer, Ratgeber, starker Gott, Ewig-Vater, Friedefürst.« In Jesaja ist also zu lesen, dass ein Kind geboren würde, auf dem die Herrschaft ruhen werde.

Auch Jeremia spricht vom Spross Davids, der Recht und Gerechtigkeit auf Erden schaffen wird. Das bezieht sich auf Jesus, denn nur er hat uns gerecht gemacht. In Jeremia 23,5 steht: »Siehe, es kommen Tage, spricht der HERR, da werde ich dem David einen gerechten Spross erwecken; der wird als König regieren und weise handeln und wird Recht und Gerechtigkeit schaffen auf Erden.«

Diese Weisen kannten also Micha, Jesaja und Jeremia. Und das ist noch nicht alles, denn in 4. Mose 24,17 steht: »Ich sehe ihn, aber jetzt noch nicht; ich schaue ihn, aber noch nicht in der Nähe. Ein Stern tritt hervor aus Jakob, und ein Zepter erhebt sich aus Israel. Es wird die Schläfen Moabs zerschmettern und alle Söhne Seths zertrümmern.« Das ist somit die Stelle, an der wir die ausdrückliche Ankündigung des Sterns finden.

Kehren wir zurück zur ursprünglichen Geschichte.

In Matthäus 2,7 (NGÜ) lesen wir: »Da rief Herodes die Sterndeuter heimlich zu sich und ließ sich von ihnen den genauen Zeitpunkt angeben, an dem der Stern zum ersten Mal erschienen war.« Herodes wollte wissen, wann Jesus geboren wurde, ein weiterer Hinweis darauf, dass Jesus zu diesem Zeitpunkt schon geboren war. Hier wird deutlich, dass auch der Teufel die Schrift kennt und auf die Zeichen kommender Dinge und Ereignisse achtet. Herodes, der Böses im Schilde führte, wollte ganz genau wissen, wann der Stern zum ersten Mal erschienen war.

Dann, in Matthäus 2,9–11 lesen wir: »Und als sie den König gehört hatten, zogen sie hin. Und siehe, der Stern, den sie im Morgenland gesehen hatten, ging vor ihnen her, bis er ankam und über dem Ort stillstand, wo das Kind war. Als sie nun den Stern sahen, wurden sie sehr hocherfreut; und sie gingen in das Haus hinein und fanden das Kind samt Maria, seiner Mutter. Da fielen sie nieder und beteten es an; und sie öffneten ihre Schatzkästchen und brachten ihm Gaben: Gold, Weihrauch und Myrrhe.«

Hier fällt auf, dass die Weisen bei ihrer Ankunft keinen Säugling vorfanden, sondern ausdrücklich ein Kind. Das bedeutet, Jesus muss schon älter als zwei Jahre gewesen sein.

Auch die Tatsache, dass die Weisen Jesus nicht im Stall aufsuchten, sondern in einem Haus, ist ein Hinweis darauf, dass bereits einige Zeit vergangen war.

In 2. Petrus 1,19 wird Bezug genommen auf dieses Ereignis: »Und so halten wir nun fest an dem völlig gewissen prophetischen Wort, und ihr tut gut daran, darauf zu achten als auf ein Licht, das an einem dunklen Ort scheint, bis der Tag anbricht und der Morgenstern aufgeht in euren Herzen.«

Kurz am Rande: Hast du dich nicht auch schon mal gefragt, was die drei Gaben miteinander zu tun haben oder warum überhaupt gerade diese Dinge mitgebracht wurden? Denn was sollte ein Kleinkind mit Weihrauch oder Myrrhe anfangen?

Wenn man das Ganze ein bisschen studiert, wird schnell klar, worum es hier ging: Es waren drei Gaben. Die Zahl Drei steht für die Dreieinigkeit von Gott, Jesus und dem Heiligen Geist. Gold war das angemessene Geschenk für den neugeborenen **König**.

Myrrhe, eine Heilpflanze für die Arzneizubereitung, war als Geschenk passend für den von Gott gesandten **Arzt** und **Heiler** (Heiland).

Weihrauch, der dem Bereich des Tempels zugeordnet ist, war das gebührende Geschenk für den zukünftigen **Hohenpriester** Israels.

Gold steht also für den König, Myrrhe steht für den Gesalbten, der heilt, und Weihrauch ist ein Bild für den Hohenpriester.

Untermauert werden diese Gaben durch Jesaja 60,6: »Eine Menge Kamele wird dich bedecken, Dromedare von Midian und Epha; sie alle werden von Saba kommen, **Gold und Weihrauch** bringen und mit Freuden das Lob des HERRN verkündigen.« Auch in Psalm 72,10–15 finden sie Erwähnung: »Die Könige von Tarsis und von den Inseln werden Gaben bringen, die Könige von Saba und Seba werden Tribut entrichten. Alle Könige werden sich vor ihm niederwerfen, alle Heidenvölker werden ihm dienen. Denn er wird den Armen retten, wenn er um Hilfe schreit, und den Elenden, der keinen Helfer hat. Über den Geringen und Armen wird er sich erbarmen, und die Seelen der Armen retten. Er wird ihre Seele erlösen aus Bedrückung und Gewalt, und ihr Blut wird kostbar sein in seinen Augen. Und er wird leben, und man wird ihm vom **Gold aus Saba** geben; und man wird allezeit für ihn beten, täglich wird man ihn segnen.«

Den Weisen war also klar, welche Gaben sie mitbringen mussten. Denn wie wir bereits wissen, war ihnen die Schrift sehr gut bekannt. Zurück zum Ereignis.

Wir wissen nun, *wie* die drei Weisen zu Jesus kamen. Wir wissen aber noch nicht, *warum* sie kamen. Dazu müssen wir erfahren, wer diese drei Weisen waren, die auch als die

»Heiligen Drei Könige« bezeichnet werden. Tatsächlich handelte es sich nicht um Könige; das Wort, das wir in der Bibel mit »Weise« oder »Sterndeuter« übersetzt sehen, lautet im griechischen Grundtext *magoi* und bedeutet wörtlich »Magier«. Das heißt also, drei Magier sind dem Stern von Bethlehem gefolgt.

Vielleicht fragst du dich jetzt: Wieso Magier? Magier haben doch nichts mit Gott und Glauben zu tun?

Um das zu verstehen, müssen wir die Geschichte von Daniel lesen. Hier eine kurze Zusammenfassung:

König Nebukadnezar aus Babylonien erobert Jerusalem. Daniel wird gefangengenommen und zum Sklaven gemacht. Während seiner Gefangenschaft wird er zum Traumdeuter von Nebukadnezar. Die Träume erfüllten sich gemäß ihrer Deutung, woraufhin der König Daniel befördert. Dann lesen wir in Daniel 1,4 Folgendes: »Junge Männer ohne Makel, schön von Gestalt und klug in aller Weisheit, einsichtsvoll und des Wissens kundig, die tüchtig wären, im Palast des Königs zu dienen, und dass man sie in der Schrift und Sprache der Chaldäer unterwiese.« Und in Daniel 1,6 dies: »Unter ihnen befanden sich von den Söhnen Judas Daniel, Hananja, Misael und Asarja.« Daniel wurde also zum Chaldäer gemacht. Das Wort »Chaldäer« wird uns auf den nächsten Seiten begleiten. Zunächst schauen wir uns an, was dieses Wort bedeutet:

»Chaldäer«, Synonym für Sterndeuter

Als »Chaldäer« werden im Sprachgebrauch der ersten vor- und nachchristlichen Jahrhunderte auch die sternkundigen Berater und Wissenschaftler in Mesopotamien bezeichnet, über die man in Israel seit dem babylonischen Exil Genaueres wusste (siehe auch Buch Daniel). Sie waren häufig von persischer oder medischer Herkunft, hatten aber ihr Wirkungsfeld von Mesopotamien und Arabien bis Anatolien und die Mittelmeerküsten.

Die Chaldäer verstanden sich u. a. auf Kalenderrechnung und pflegten eine astronomische Symbolsprache zur Darstellung komplexer Zusammenhänge. Im Einflussbereich Babylons hatten sie auch eine religiöse Funktion – vor allem, weil man die Planetenbahnen mit ihren unerklärlichen Schleifenbewegungen als Willensäußerung von Gottheiten deutete, die es zu ergründen galt.

Die biblischen Heiligen Drei Könige[5] *werden als die »Weisen aus dem Morgenland« und als Sterndeuter beschrieben, die evtl. aus Babylon kamen, welches ein Zentrum der Sternenkunde war. Die griechische Fassung des Neuen Testaments berichtet von »Magiern aus dem Osten« (μάγοι ἀπὸ ἀνατολῶν), die »einen aufgehenden Stern sahen« (Εἴδομεν γὰρ αὐτοῦ τὸν ἀστέρα ἐν τῇ ἀνατολῇ). Deshalb wird teilweise angenommen, dass es sich um Chaldäer gehandelt hat. Alternative Deutungen interpretieren die Gruppe eher als Vertreter des persisch-medischen Raumes oder (basierend auf Vergleichen von alten überlieferten bildlichen Kleidungs-Darstellungen) als Syrer.*[6]

Das bedeutet, die Chaldäer waren Sterndeuter und kannten sich mit der Sternkunde aus. So auch die drei Weisen aus dem Morgenland, die ebenfalls Chaldäer waren. Das Buch Daniel erwähnt, dass König Nebukadnezar viele Träume hatte. Die Chaldäer konnten die Träume des Königs nicht deuten. Das lesen wir in Daniel 2,2–5: »Da befahl der König, man solle die Traumdeuter und die Wahrsager, die Zauberer und die Chaldäer zusammenrufen, damit sie dem König seine Träume verkündeten. So kamen sie und traten vor den König. Da sprach der König zu ihnen: Ich habe einen Traum gehabt, und mein Geist ist beunruhigt, bis ich den Traum verstehe! Hierauf gaben die Chaldäer dem König auf Aramäisch zur Antwort: O König, mögest du ewig leben! Erzähle deinen Knechten den Traum, so wollen wir die Deutung verkünden! Der König antwortete den Chaldäern: Mein Entschluss steht unwiderruflich fest: Wenn ihr mir nicht den Traum samt seiner Deutung verkündet, so sollt ihr in Stücke zerhauen und eure Häuser zu Misthaufen gemacht werden.«

Nette Aussichten für die Chaldäer. Aber dann kam Daniel, der Gott um Weisheit bat und diese dann auch von ihm bekam. Er konnte die Träume deuten und sie dem König erklären. Der König lobte den Gott Daniels und beförderte Daniel. Daniel 2,48 schreibt: »Darauf machte der König den Daniel groß und gab ihm sehr viele Geschenke und setzte ihn zum Herrscher über die ganze Provinz Babel und zum Oberhaupt über alle Weisen von Babel.«

Das bedeutet, dass Daniel der oberste Chaldäer wurde. Dies wird auch später noch einmal in Daniel 5,11–12 erklärt und bestätigt: »Es gibt einen Mann in deinem Königreich, in dem der Geist der heiligen Götter ist und bei dem in den Tagen deines Vaters Erleuchtung, Verstand und Weisheit gleich der Weisheit der Götter gefunden worden ist, sodass dein Vater, der König Nebukadnezar, ihn zum Obersten der Traumdeuter, Wahrsager, Chaldäer und Zeichendeuter bestimmt hat – ja, dein Vater, o König!, ganz allein deshalb, weil bei ihm ein vortrefflicher Geist, Verstand und Scharfsinn gefunden wurde zur Deutung von Träumen, zur Erklärung von Rätseln und zur Auflösung von Knoten, nämlich bei Daniel, dem der König den Namen Beltsazar gab. So lasse man nun Daniel rufen; der wird dir die Deutung sagen!«

Das Buch Daniel ist voll von Bildern und Schatten, die auf Jesus hinweisen. Da wäre zum Beispiel der vierte Mann im

Feuerofen. Daniel sprach auch bereits von Jesus und seiner Wiederkunft. In Daniel 7,13–14 (HFA) steht: »Doch ich sah noch mehr in meiner Vision: Mit den Wolken des Himmels kam einer, der aussah wie ein Mensch. Man führte ihn zu dem, der von alters her ist, und dieser verlieh ihm Macht, Ehre und königliche Würde. Die Menschen aller Länder, Völker und Sprachen dienten ihm. Für immer und ewig wird er herrschen, sein Reich wird niemals zerstört!«

Wir wissen nun also, dass Daniel der Oberste der Chaldäer wurde. Man könnte auch sagen, er wurde der Schulleiter der Chaldäer, um unseren Pastor Erich Engler zu zitieren, der es so treffend ausdrückte. Daraus schließen wir Folgendes: Die drei Weisen wurden in Chaldäa durch Ausbildung und durch das Studium der Heiligen Schriften und mithilfe von Überlieferungen darauf vorbereitet, einen aufgehenden Stern zu erwarten, der sich von den anderen Sternen unterscheiden und den verheißenen Messias ankündigen würde.

Der »Schulleiter Daniel« vermittelte die Verheißungen des Alten Testaments und der Psalmen. Als Beispiel ist 4. Mose 24,17 zu nennen: »Ich sehe ihn, aber jetzt noch nicht; ich schaue ihn, aber noch nicht in der Nähe. Ein Stern tritt hervor aus Jakob, und ein Zepter erhebt sich aus Israel. Es wird die Schläfen Moabs zerschmettern und alle Söhne Seths zertrümmern.« Oder Psalm 19,2: »Die Himmel erzählen die Herrlichkeit Gottes, und die Ausdehnung verkündigt das Werk seiner Hände.«

Wenn wir diese Feststellungen zusammenfügen, sehen wir, dass die Weisen auf den verheißenen Stern warten und diesem dann folgen sollten. Dieser Stern musste sich von den anderen abheben und einzigartig sein. Und sie wussten damals schon, dass Gott durch ihn verherrlicht würde.

Aber worum genau handelte es sich bei diesem Stern, der da vor ihnen herging und dem sie folgten? Wir lesen in Matthäus 2,9: »Und siehe, der Stern, den sie im Morgenland gesehen hatten, ging vor ihnen her, bis er ankam und über dem Ort stillstand, wo das Kind war.«

Das muss ein interessanter Stern gewesen sein, der einfach so vor ihnen hergehen und irgendwo stehen bleiben konnte. Da fragt man sich, welcher Stern kann so etwas? War es wirklich nur ein Stern oder war es vielleicht etwas anderes? Und wenn der Stern für alle sichtbar vor ihnen herging, so hätte doch auch Herodes den Stern einfach verfolgen und den geborenen Messias töten können. Ihm hatten sie ja gesagt, dass sie einem Stern folgten. Es kann sich also nicht um einen normalen Stern, sondern nur um einen speziellen Stern gehandelt haben.

Das führt zu dem Schluss, dass hier nicht von einer Sternschnuppe, einem geschweiften Asteroiden oder einem sonstigen Himmelskörper die Rede ist, sondern von der Herrlichkeit Gottes. Was sonst könnte vor den Weisen hergehen und dabei so hell leuchten wie ein Stern?

In Matthäus 6,27 steht: »Denn der Sohn des Menschen wird in der Herrlichkeit seines Vaters mit seinen Engeln kommen, und dann wird er jedem Einzelnen vergelten nach seinem Tun.«

Das heißt, Jesus kommt in der Schechina-Herrlichkeit, der göttlichen Lichtherrlichkeit seines Vaters.

Die Schechina wird unter anderem so beschrieben: *Die Schechina (hebräisch* הנָיכִשְׁ šechīnāh) *ist in der jüdischen Religion die »Einwohnung« oder »Wohnstatt« Gottes in Israel, die als Inbegriff der Gegenwart Gottes bei seinem Volk verstanden werden kann. Zu den Nebenbedeutungen des Begriffes gehören »Ruhe«, »Glück«, »Heiligkeit« oder »Frieden«, immer als Merkmale, die den Wirkungskreis der Gegenwart Gottes charakterisieren und für die Menschen spürbar werden lassen.*[7]

Gott selbst ging somit den Weisen voraus und wies ihnen den Weg zum Erlöser.

Die Sterne am Himmel erzählen von Jesus, das wissen wir nun. Doch was sagte Jesus über die Sterne, als er auf der Erde war? Hat er die Sterne erwähnt oder über sie gepredigt?

Während Jesus in dieser Welt lebte, sprach er von sich als dem Licht der Welt. In Johannes 8,12 sagt Jesus: »Ich bin das Licht der Welt. Wer mir nachfolgt, der wird nicht wandeln in der Finsternis, sondern das Licht des Lebens haben.« Auch in Johannes 9,5 sagt Jesus von sich, er sei das Licht der Welt: »Ich muss die Werke dessen wirken, der mich gesandt hat, solange es Tag ist; es kommt die Nacht, da niemand wirken kann. Solange ich in der Welt bin, bin ich das Licht der Welt. Als er dies gesagt hatte, spie er auf die Erde und machte einen Brei mit dem Speichel und strich den Brei auf die Augen des Blinden.« Auch später, in Johannes 12,35–36, spricht Jesus vom selben Licht: »Da sprach Jesus zu ihnen: Noch eine kleine Zeit ist das Licht bei euch. Wandelt, solange ihr das Licht noch habt, damit euch die Finsternis nicht überfällt! Denn wer in der Finsternis wandelt, weiss nicht, wohin er geht. Solange ihr das Licht habt, glaubt an das Licht, damit ihr Kinder des Lichtes werdet! Dies redete Jesus und ging hinweg und verbarg sich vor ihnen.« Und in Johannes 12,46 sagte er: »Ich bin als ein Licht in die Welt gekommen, damit jeder, der an mich glaubt, nicht in der Finsternis bleibt.«

Wir sehen, dass Jesus sich zwar immer wieder als Licht der Menschheit bezeichnet, aber ein direkter Bezug zu den Sternen wird nicht hergestellt. Erst gegen Schluss offenbart die Bibel Jesus als den Morgenstern. Und dort sagt er nicht: »Ich bin *wie* der helle Morgenstern«, sondern er sagt: »**Ich bin** der helle Morgenstern.« Sein Wesen ist Licht und es ist Erleuchtung. Das lesen wir in Offenbarung 22,16 (NGÜ): »Ich, Jesus, habe meinen Engel zu euch gesandt, um euch diese Botschaft bekannt zu machen; sie ist für alle Gemeinden bestimmt. Ich bin der Nachkomme Davids, der Spross aus seinem Wurzelstock. Ich bin der helle Morgenstern.«

Aber nicht nur in der Offenbarung spricht Jesus in der Vision des Johannes von sich als dem Morgenstern. Auch in 2. Petrus 1,18–21 ist vom Morgenstern zu lesen: »Und diese Stimme hörten wir vom Himmel her ergehen, als wir mit ihm auf dem heiligen Berg waren. Und so halten wir nun fest an dem völlig gewissen prophetischen Wort, und ihr tut gut daran, darauf zu achten als auf ein Licht, das an einem dunklen Ort scheint, bis der Tag anbricht und der Morgenstern aufgeht in euren Herzen. Dabei sollt ihr vor allem das erkennen, dass keine Weissagung der Schrift von eigenmächtiger Deutung ist. Denn niemals wurde eine Weissagung durch menschlichen Willen hervorgebracht, sondern vom Heiligen Geist getrieben haben die heiligen Menschen Gottes geredet.«

Und auf das Evangelium am Himmel wies Jesus ebenfalls hin, denn in Matthäus 6,10 lesen wir: »Dein Reich komme. Dein Wille geschehe, wie im Himmel, so auch auf Erden.« Ein weltbekannter Vers aus dem »Vater unser«-Gebet. Er nennt zuerst den Himmel und erst als zweites die Erde. Er verweist auf den Willen Gottes, der am Himmel geschrieben steht. Jesus war derjenige, der diesen Weg gehen würde, und das war ihm vollkommen bewusst, als er dieses Gebet sprach. Nur hat es bis heute nicht jeder so verstanden wie wir jetzt gerade. Also ja, man kann eindeutig sagen: Jesus hat von den Sternen und von sich selbst als dem Morgenstern gesprochen.

07

Die Sterne der Offenbarung

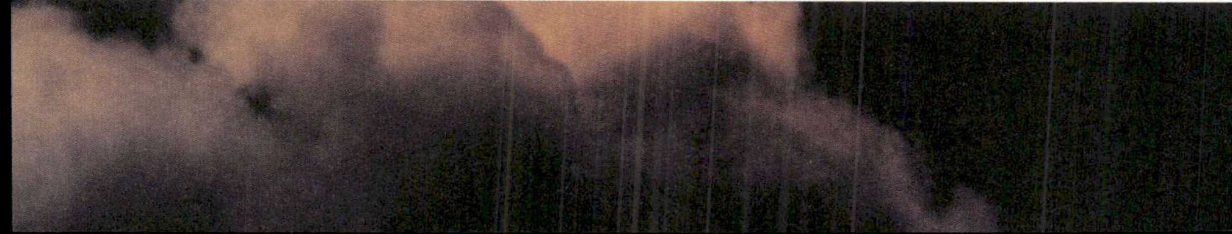

Wagen wir uns noch an das am meisten umstrittene, verwirrendste Buch der Bibel, das jedoch so interessant ist wie kein anderes: die Offenbarung. Auch hier finden wir an verschiedene Stellen Sterne erwähnt.

Fangen wir am besten ganz vorn an. In Offenbarung 1,12–16 lesen wir: »Und ich wandte mich um, zu sehen nach der Stimme, die mit mir redete. Und als ich mich umwandte, sah ich sieben goldene Leuchter und mitten unter den Leuchtern einen, der war einem Menschensohn gleich, der war angetan mit einem langen Gewand und gegürtet um die Brust mit einem goldenen Gürtel. Sein Haupt aber und sein Haar war weiß wie weiße Wolle, wie Schnee, und seine Augen wie eine Feuerflamme und seine Füße gleich Golderz, wie im Ofen durch Feuer gehärtet, und seine Stimme wie großes Wasserrauschen; und er hatte sieben Sterne in seiner rechten Hand, und aus seinem Munde ging ein scharfes, zweischneidiges Schwert, und sein Angesicht leuchtete, wie die Sonne scheint in ihrer Macht.« Und in Offenbarung 1,20 steht: »Das Geheimnis der sieben Sterne, die du gesehen hast in meiner rechten Hand, und die sieben goldenen Leuchter: die sieben Sterne sind Engel der sieben Gemeinden; und die sieben Leuchter, die du gesehen hast, sind sieben Gemeinden.«

Die sieben Sterne stehen somit für sieben Engel, die den sieben Gemeinden zugeordnet werden. Die sieben Sendschreiben stehen für jene sieben Geschichtsperioden, die die sichtbare Gemeinde durchlaufen hat. Aber sieh selbst.

1. Ephesus

Die apostolische Gemeinde (30–100 n. Chr.)

Den ersten Brief finden wir in Offenbarung 2,1–7: »Dem Engel der Gemeinde von Ephesus schreibe: Das sagt, der die sieben Sterne in seiner Rechten hält, der inmitten der sieben goldenen Leuchter wandelt: Ich kenne deine Werke und deine Bemühung und dein standhaftes Ausharren, und dass du die Bösen nicht ertragen kannst; und du hast die geprüft, die behaupten, sie seien Apostel und sind es nicht, und hast sie als Lügner erkannt; und du hast [Schweres] ertragen und hast standhaftes Ausharren, und um meines Namens willen hast du gearbeitet und bist nicht müde geworden. Aber ich habe gegen dich, dass du deine erste Liebe verlassen hast. Bedenke nun, wovon du gefallen bist, und tue Buße und tue die ersten Werke! Sonst komme ich rasch über dich und werde deinen Leuchter von seiner Stelle wegstoßen, wenn du nicht Buße tust! Aber dieses hast du, dass du die Werke der Nikolaiten hasst, die auch ich hasse. Wer ein Ohr hat, der höre, was der Geist den Gemeinden sagt! Wer überwindet, dem will ich zu essen geben von dem Baum des Lebens, der in der Mitte des Paradieses Gottes ist.«

2. Smyrna

Die Gemeinde unter römischer Verfolgung (100–313 n. Chr.)

Den zweiten Brief lesen wir in Offenbarung 2,8–11: »Und dem Engel der Gemeinde von Smyrna schreibe: Das sagt der Erste und der Letzte, der tot war und lebendig geworden ist: Ich kenne deine Werke und deine Drangsal und deine Armut – du bist aber reich! – und die Lästerung von denen, die sagen, sie seien Juden und sind es nicht, sondern eine Synagoge des Satans. Fürchte nichts von dem, was du erleiden wirst! Siehe, der Teufel wird etliche von euch ins Gefängnis werfen, damit ihr geprüft werdet, und ihr werdet Drangsal haben zehn Tage lang. Sei getreu bis in den Tod, so werde ich dir die Krone des Lebens geben! Wer ein Ohr hat, der höre, was der Geist den Gemeinden sagt! Wer überwindet, dem wird kein Leid geschehen von dem zweiten Tod.«

3. Pergamon

Die Kirche des konstantinischen Zeitalters (313–600 n. Chr.)

Das dritte Sendschreiben ist in Offenbarung 2,12–17 zu finden: »Und dem Engel der Gemeinde in Pergamus schreibe: Das sagt, der das scharfe zweischneidige Schwert hat:

Ich kenne deine Werke und [weiß,] wo du wohnst: da, wo der Thron des Satans ist, und dass du an meinem Namen festhältst und den Glauben an mich nicht verleugnet hast, auch in den Tagen, in denen Antipas mein treuer Zeuge war, der bei euch getötet wurde, da, wo der Satan wohnt. Aber ich habe ein weniges gegen dich, dass du dort solche hast, die an der Lehre Bileams festhalten, der den Balak lehrte, einen Anstoß [zur Sünde] vor die Kinder Israels zu legen, sodass sie Götzenopfer aßen und Unzucht trieben. So hast auch du solche, die an der Lehre der Nikolaiten festhalten, was ich hasse. Tue Buße! Sonst komme ich rasch über dich und werde gegen sie Krieg führen mit dem Schwert meines Mundes. Wer ein Ohr hat, der höre, was der Geist den Gemeinden sagt! Wer überwindet, dem werde ich von dem verborgenen Manna zu essen geben; und ich werde ihm einen weißen Stein geben und auf dem Stein geschrieben einen neuen Namen, den niemand kennt außer dem, der ihn empfängt.«

4. Thyatira

Die Kirche des finsteren Mittelalters (600–1517 n. Chr.)

Der vierte Brief steht in Offenbarung 2,18–29: »Und dem Engel der Gemeinde in Thyatira schreibe: Das sagt der Sohn Gottes, der Augen hat wie eine Feuerflamme und dessen Füße schimmerndem Erz gleichen: Ich kenne deine Werke und deine Liebe und deinen Dienst und deinen Glauben und dein standhaftes Ausharren, und [ich weiß], dass deine letzten Werke mehr sind als die ersten. Aber ich habe ein weniges gegen dich, dass du es zulässt, dass die Frau Isebel, die sich eine Prophetin nennt, meine Knechte lehrt und verführt, Unzucht zu treiben und Götzenopfer zu essen. Und ich gab ihr Zeit, Buße zu tun von ihrer Unzucht, und sie hat nicht Buße getan. Siehe, ich werfe sie auf ein [Kranken-]Bett und die, welche mit ihr ehebrechen, in große Drangsal, wenn sie nicht Buße tun über ihre Werke. Und ihre Kinder will ich mit dem Tod schlagen; und alle Gemeinden werden erkennen, dass ich es bin, der Nieren und Herzen erforscht. Und ich werde jedem Einzelnen von euch geben nach seinen Werken. Euch aber sage ich, und den Übrigen in Thyatira, all denen, die diese Lehre nicht haben und die nicht die Tiefen des Satans erkannt haben, wie sie sagen: Ich will keine weitere Last auf euch legen; doch was ihr habt, das haltet fest, bis ich komme! Und wer überwindet und meine Werke bis ans Ende bewahrt, dem werde ich Vollmacht geben über die Heidenvölker, und er wird sie mit einem eisernen Stab weiden, wie man irdene Gefäße zerschlägt, wie auch ich es von meinem Vater empfangen habe; und ich werde ihm den Morgenstern geben. Wer ein Ohr hat, der höre, was der Geist den Gemeinden sagt!«

5. Sardes

Die Kirche der Reformation (1517–1648 n. Chr)

Den fünften Brief lesen wir in Offenbarung 3,1–6: »Und dem Engel der Gemeinde in Sardes schreibe: Das sagt der, welcher die sieben Geister Gottes und die sieben Sterne hat: Ich kenne deine Werke: Du hast den Namen, dass du lebst, und bist doch tot. Werde wach und stärke das Übrige, das im Begriff steht zu sterben; denn ich habe deine Werke nicht vollendet erfunden vor Gott. So denke nun daran, wie du empfangen und gehört hast, und bewahre es und tue Buße! Wenn du nun nicht wachst, so werde ich über dich kommen wie ein Dieb, und du wirst nicht erkennen, zu welcher Stunde ich über dich kommen werde. Doch du hast einige wenige Namen auch in Sardes, die ihre Kleider nicht befleckt haben; und sie werden mit mir wandeln in weißen Kleidern, denn sie sind es wert. Wer überwindet, der wird mit weißen Kleidern bekleidet werden; und ich will seinen Namen nicht auslöschen aus dem Buch des Lebens, und ich werde seinen Namen bekennen vor meinem Vater und vor seinen Engeln. Wer ein Ohr hat, der höre, was der Geist den Gemeinden sagt!«

6. Philadelphia

Die Kirche der großen Missionsbewegung (1648–1900 n. Chr.)

Das sechste Sendschreiben steht in Offenbarung 3,7–13: »Und dem Engel der Gemeinde in Philadelphia schreibe: Das sagt der Heilige, der Wahrhaftige, der den Schlüssel Davids hat, der öffnet, sodass niemand zuschließt, und zuschließt, sodass niemand öffnet: Ich kenne deine Werke. Siehe, ich habe vor dir eine geöffnete Tür gegeben, und niemand kann sie schließen; denn du hast eine kleine Kraft und hast mein Wort bewahrt und meinen Namen nicht verleugnet. Siehe, ich gebe, dass solche aus der Synagoge des Satans, die sich Juden nennen und es nicht sind, sondern lügen, siehe, ich will sie dazu bringen, dass sie kommen und vor deinen Füßen niederfallen und erkennen, dass ich dich geliebt habe. Weil du das Wort vom standhaften Ausharren auf mich bewahrt hast, werde auch ich dich bewahren vor der Stunde der Versuchung, die über den ganzen Erdkreis kommen wird, damit die versucht werden, die auf der Erde wohnen. Siehe, ich komme bald; halte fest, was du hast, damit [dir] niemand deine Krone nehme! Wer überwindet, den will ich zu einer Säule im Tempel meines Gottes machen, und er wird nie mehr hinausgehen; und ich will auf ihn den Namen meines Gottes schreiben und den Namen der Stadt meines Gottes, des neuen Jerusalem, das vom Himmel herabkommt von meinem Gott aus, und meinen neuen Namen. Wer ein Ohr hat, der höre, was der Geist den Gemeinden sagt!«

7. Laodizea

Die Kirche des Abfalls (1900 n. Chr. bis zur Gegenwart)

Das siebte und letzte Sendschreiben lesen wir in Offenbarung 3,14–22: »Und dem Engel der Gemeinde von Laodizea schreibe: Das sagt der »Amen«, der treue und wahrhaftige Zeuge, der Ursprung der Schöpfung Gottes: Ich kenne deine Werke, dass du weder kalt noch heiß bist. Ach, dass du kalt oder heiß wärst! So aber, weil du lau bist und weder kalt noch heiß, werde ich dich ausspeien aus meinem Mund. Denn du sprichst: Ich bin reich und habe Überfluss, und mir mangelt es an nichts! – und du erkennst nicht, dass du elend und erbärmlich bist, arm, blind und entblößt. Ich rate dir, von mir Gold zu kaufen, das im Feuer geläutert ist, damit du reich wirst, und weiße Kleider, damit du dich bekleidest und die Schande deiner Blöße nicht offenbar wird; und salbe deine Augen mit Augensalbe, damit du sehen kannst! Alle, die ich lieb habe, die überführe und züchtige ich. So sei nun eifrig und tue Buße! Siehe, ich stehe vor der Tür und klopfe an. Wenn jemand meine Stimme hört und die Tür öffnet, so werde ich zu ihm hineingehen und das Mahl mit ihm essen und er mit mir. Wer überwindet, dem will ich geben, mit mir auf meinem Thron zu sitzen, so wie auch ich überwunden habe und mich mit meinem Vater auf seinen Thron gesetzt habe. Wer ein Ohr hat, der höre, was der Geist den Gemeinden sagt!«

Wenn wir in der Offenbarung weiterlesen, finden wir erst in Kapitel sechs wieder etwas über die Sterne. Es ist wichtig zu wissen, dass die Gemeinde zu diesem Zeitpunkt bereits entrückt und nicht mehr auf der Erde, sondern im Himmel bei Jesus ist. Darüber dürfen wir sehr froh sein, denn was folgt, liest sich nicht allzu schön.

In Offenbarung 6,12–14 lesen wir: »Und ich sah, als es das sechste Siegel öffnete, und siehe, ein großes Erdbeben entstand, und die Sonne wurde schwarz wie ein härener Sack, und der Mond wurde wie Blut; und die Sterne des Himmels fielen auf die Erde, wie ein Feigenbaum seine unreifen Früchte abwirft, wenn er von einem starken Wind geschüttelt wird.«

Der Himmel verdunkelt sich und das Evangelium am Himmel stürzt Richtung Erde – ein Zeichen für das Gericht Gottes, das auf die Ungläubigen auf der Erde niedergeht.

Weiter lesen wir in Offenbarung 8,10: »Und der dritte Engel stieß in die Posaune; da fiel ein großer Stern vom Himmel, brennend wie eine Fackel, und er fiel auf den dritten Teil der Flüsse und auf die Wasserquellen; und der Name des Sternes heißt Wermut. Und der dritte Teil der Gewässer wurde zu Wermut, und viele Menschen starben von den Gewässern, weil sie bitter geworden waren.«

Mit dem Schall der siebten Posaune wird angekündigt, dass Christus die Herrschaft über die Welt erben wird. Aber wieso heißt der erwähnte Stern Wermut? In Jeremia 9,14 finden wir die Erklärung dafür: »Darum, so spricht der HERR der Heerscharen, der Gott Israels: Siehe, ich will sie, dieses Volk, mit Wermut speisen und sie mit Giftwasser tränken.«

Wegen der Bosheit seines Volkes und dessen Hinwendung zum Götzendienst, sagt Gott, werde er ihnen Wermut zu essen und Giftwasser zu trinken geben.

Gleich danach, in Offenbarung 8,12 lesen wir: »Und der vierte Engel stieß in die Posaune; da wurde der dritte Teil der Sonne und der dritte Teil des Mondes und der dritte Teil der Sterne geschlagen, damit der dritte Teil von ihnen verfinstert würde und der Tag für den dritten Teil seiner Dauer kein Licht habe, und die Nacht in gleicher Weise.«

Also stehen diese Sterne für die Vernichtung eines Drittels des Lichtes auf Erden. Womit sie wiederum mit Engeln in Verbindung gebracht werden können. Aber es geht noch weiter, denn in Offenbarung 9,1 lesen wir: »Und der fünfte Engel stieß in die Posaune; und ich sah einen Stern, der vom Himmel auf die Erde gefallen war, und es wurde ihm der Schlüssel zum Schlund des Abgrunds gegeben.« Auch hier lesen wir von einem Engel, genauer gesagt geht es um Satan.

Mit den Sternen geht es erst in Offenbarung 12,1.4 weiter: »Und ein großes Zeichen erschien im Himmel: eine Frau, mit der Sonne bekleidet, und der Mond unter ihren Füßen, und auf ihrem Haupt eine Krone mit zwölf Sternen.« Was wir hier sehen, ist eine Frau, die nicht mit der Sonne bekleidet ist, sondern die Sonne in sich trägt. Ein Bild für Maria, die mit Jesus schwanger war. Auf ihrem Haupt sehen wir die Krone mit zwölf Sternen, welche für die zwölf Stämme Israels stehen. Darunter der Stamm David, aus dem der Same kommt. In den Versen 3 und 4 wird uns noch klarer aufgezeigt, wer da kommt und wer der rote Drache ist: »Und es erschien ein anderes Zeichen im Himmel: siehe, ein großer, feuerroter Drache, der hatte sieben Köpfe und zehn Hörner und auf seinen Köpfen sieben Kronen; und sein Schwanz zog den dritten Teil der Sterne des Himmels nach sich und warf sie auf die Erde. Und der Drache stand vor der Frau, die gebären sollte, um ihr Kind zu verschlingen, wenn sie geboren hätte.«

Es ist klar zu sehen, dass hier der Teufel gemeint ist, der aus dem Himmel gestoßen wurde und einen Drittel der Engel – Sterne – mit sich hinabriss. Darüber haben wir schon zu Beginn des Buches gesprochen.

Wir sehen hier ein klares Bild von Jesu Geburt und davon, wie der Teufel diese verhindern wollte. Aber Gott sei alle Ehre, es kam anders, wie wir wissen. Halleluja!

Wie die Bibel mit der Offenbarung endet, so endet auch hier unsere Reise durch die Bibel und die Sterne. Zum Schluss lesen wir Offenbarung 22,20–21: »Es spricht, der dies bezeugt: Ja, ich komme bald! Amen. – Ja, komm, Herr Jesus! Die Gnade unseres Herrn Jesus Christus sei mit euch allen! Amen.«

08

Hebräische Gematrie – Die Zahl 12

Gematrie (von hebr. הירטמיג, gimatr-ja), auch Gematria oder Gimatria, ist die hermeneutische Technik der Interpretation von Worten mit Hilfe von Zahlen. Dabei werden Buchstaben nach unterschiedlichen Schlüsseln in ihre entsprechenden Zahlenwerte überführt, um aus diesen Bedeutungen zu erschließen und Beziehungen herzustellen.[8]

Wir untersuchen zudem die Bedeutung von Zahlen und Zahlenwerten anhand der Schrift.

Die Gematrie beruht auf der Tatsache, dass im griechischen und im hebräischen Alphabet wie auch in der Vorgängerschrift des modernen Arabischen keine speziellen Zahlzeichen existierten, sondern die Buchstaben selbst verwendet wurden. Daher kann jedes Wort auch als eine Gruppe von Zahlzeichen gelesen werden. Ihre proportionale Struktur, die Summe ihrer Einzelwerte oder ein durch andere Rechenoperationen gewonnener Wert steht dann für das Wort und kann zu anderen Zahlen, Worten und Wortproportionen in Beziehung gesetzt werden. Gematrie findet man in vielen Kulturen, auch in der griechischen. Besonders ausgeprägt erscheint sie in der jüdischen Tradition.[9]

Im Hebräischen gilt, dass Buchstaben auch Zahlen darstellen. Hier nur ein kleiner Einblick in die hebräische Gematria, bevor es zurück zum eigentlichen Thema, den Sternen, geht.

Zahl	Bedeutung	hebr. Buchstabe
1	Die Zahl Gottes, Einheit, Anfang	א
2	Übereinstimmung, Unterschied, Erschaffung	ב
3	Vollkommen, Dreieinigkeit, Heiliger Geist, Auferstehung	ג
4	Schöpfung der Erde, materielle Welt	ד
5	Gnade, Gunst, Sohn	ה
6	Mensch, Arbeit, Schwachheit	ו
7	Vollkommenheit, geistliche Perfektion	ז
8	Neubeginn, Neuanfang, Jesus	ח
9	Finalität, Gericht	ט
10	Göttliche Ordnung, Gesetz, Komplett	י
11	Unvollendet, Unvollständig, Unordnung	
12	Regierung, Verwaltung, göttliche Autorität	

Hier ein kurzer Überblick über die einzelnen Zahlen, danach schauen wir uns die Zahl 12 genauer an.[10]

Die Zahl 1 — א (ALEF)

Bedeutung:

- Die Eins steht für Gott.
- Eins ist die Zahl des Anfangs:
  »bereschit bara elohim alef tav« – im Anfang schuf Gott.

Beispiele:

- Das erste Gebot der Zehn Gebote ist:
  »Keine anderen Götter haben – nur den Einen.«
- »Ich bin der Erste und der Letzte...« (Offb 1,17).

Die Zahl 2 — ב (BET)

Bedeutung:

- Die Zwei steht für Übereinstimmung.
- Zwei hat aber auch die Bedeutung von Unterschied.

Beispiele:

- Die zwei Testamente (Altes und Neues Testament)
- Die zwei Sprachen der Bibel (Hebräisch und Griechisch)

Die Zahl 3 — ג (GIMEL)

Bedeutung:

- Die Drei steht für göttliche Vollkommenheit, Dreieinigkeit, Perfektion und Auferstehung.
- Dreifältige Natur des Menschen: Geist, Seele und Leib.

Beispiele:

- Die Vollzähligkeit von Personengruppen: Abraham, Isaak und Jakob. Petrus, Johannes und Jakobus. Schedrach, Meschach und Abednego. Sem, Ham und Japhet.
- Am dritten Tag bringt die Erde Wachstum hervor, nachdem sie aus dem Wasser »auferstanden« ist. Also ein Bild für die Auferstehung!

Die Zahl 4 — ד (DALET)

Bedeutung:

- Die Vier steht für die Schöpfung der Erde.
- Die Zahl Vier steht aber auch als Symbol für die materielle Welt.

Beispiele:

Die Schöpfung ist immer das, was nach dem Anfang folgt.
Im Zusammenhang mit der Erde stehen unter anderem die:

- 4 Enden der Erde (Jes 11,12)
- 4 Ecken der Erde (Offb 7,1)
- 4 Winde der Erde (Offb 7,1)
- 4 Elemente der Erde (Erde, Luft, Wasser, Feuer)
- 4 Himmelsrichtungen (Dan 11,4)
- 4 Tagesabschnitte (Morgen, Mittag, Abend, Nacht)
- 4 Jahreszeiten

Vier ist die Zahl der vier Evangelien, die das Leben Jesu auf Erden beschreiben.

Die Zahl 5 — ה (HE)

Bedeutung:

- Die Fünf steht für Gnade und Gunst.
- Fünf ist die Zahl der Erlösung durch den Sohn, was wiederum Gnade ist.

Beispiele:

- Das Wort Gnade kommt in der Bibel 318 mal vor. 318 ist eine bedeutsame Zahl. Abrahams 318 Kriegsknechte brachten Lots Familie die Befreiung (1Mo 14,14) – ein Bild unserer Erlösung und Rettung.
- Fünf Opfertiere gehörten zum Bund Abrahams (1Mo 15,9). Dies ist ein Bild unserer Erlösung durch Christus; die 5 Opferarten im 3. Buch Mose brachten den Israeliten Gnade und Gunst.

Die Zahl 6 — ו (WAW)

Bedeutung:

- Die Sechs ist die Zahl des Menschen.
- Sechs ist somit auch die Zahl für menschliche Schwachheit.

Beispiele:

- Der Mensch wurde am sechsten Tag erschaffen (1Mo 1,24–31).
- Der Mensch soll sechs Tage arbeiten, bevor er am siebten Tag ruht (2Mo 35,2).

Die Zahl 7 — ז (SAJIN)

Bedeutung:

- Die Sieben ist die Zahl der Vollkommenheit und geistlichen Perfektion.
- Gott ruhte am siebten Tag der Schöpfung.

Beispiele:

- Die sieben Früchte des Alten Testaments: Weizen, Gerste, Weinstöcke, Feigenbäume, Granatäpfel, Ölbäume und Honig.
- Die sieben Gegenstände in der Stiftshütte: Bundeslade, Sühnedeckel (Gnadenstuhl), Schaubrote, goldener Leuchter, eherner Altar, ehernes Becken und goldener Räucheraltar.

Die Zahl 8 — ח (CHET)

Bedeutung:

- Die Acht steht als Zahl für Neuanfang und Neubeginn.
- Nach sechs Tagen Arbeit und dem Ruhen am siebten Tag folgt mit dem achten Tag immer ein Neuanfang.

Beispiele:

- In Noahs Zeit wurden acht Menschen vor der Flut gerettet (1Petr 3,20).
- Die Priester konnten nach einer siebentägigen Weihung am achten Tag in die Stiftshütte gehen (3Mo 8,33).

Die Zahl 9 — ט (TET)

Bedeutung:

Die Neun steht als Zahl für Vollendung bzw. Abschluss oder auch für Gericht.

Beispiele:

- Die neun Gaben des Heiligen Geistes können in drei Gruppen aufgeteilt werden (1Kor 12,8–10).
- Es war die dritte Stunde (9 Uhr) und sie kreuzigten Jesus (Mk 15,25).

Die Zahl 10 — י (JOD)

Bedeutung:

- Die Zehn ist die Zahl der göttlichen Ordnung und des Gesetzes.
- Die Zehn Gebote, die zehn Plagen, die zehn Rebellionen Israels, die zehn Jungfrauen, die zehnte Generation ab Noah; Jesus sagte zehnmal »Ich bin«.

Beispiele:

Die Zahl Zehn hat in der Bibel drei wichtige Bedeutungen.

- Bild für das Gesetz (Ruth 4,2–9)
- Bild für den Zehnten (Lk 15,8–10)
- Symbol für »alles«, also 100 Prozent

Die Zahl 11 (JOD-ALEF)

Bedeutung:

- Die Elf steht als Zahl für unvollendet und unvollständig.
- Elf bedeutet auch Unordnung.

Beispiele:

- Ohne Benjamin hätte Jakob nur 11 Söhne gehabt.
- Joseph war der elfte Sohn von Jakob, erst mit Benjamin wurde Israel vollständig. Trotzdem sehen wir in der Zahl 11 die doppelte 1, also die Zahl Gottes.
- Jakob hatte nur noch elf Söhne zu Hause, nachdem Joseph verkauft worden war = unvollständig!
- Erst als Joseph sich mit seinen Brüdern versöhnte, war die göttliche Ordnung wiederhergestellt.

Die Zahl 12 (JOD-BET)

Kommen wir nun zu der Zahl, die am interessantesten ist: die Zahl 12.

Bedeutung:

- Die Zwölf steht als Zahl für Regierung und göttliche Autorität.
- Zwölf bedeutet Herrschaft, Regierung (Führung) und Verwaltung.
- Die Zwölf ist die letzte der insgesamt vier Vervollständigungszahlen: 3 = göttliche Perfektion, 7 = geistliche Perfektion, 10 = Ordnungsperfektion, 12 = Verwaltungs- oder Regierungsperfektion.

Beispiel:

- 12 Patriarchen
- 12 Söhne Jakobs
- 12 Apostel im Neuen Testament,
- 12er-Einheiten des neuen Jerusalem
- 24 Älteste auf dem Thron (2 × 12)
- 144.000 in der Offenbarung (Multiplikation von 12 × 12.000)

Jesus war 12 Jahre alt, als er zum ersten Mal etwas sagte, das auch schriftlich festgehalten wurde. Seine Worte waren: »Habt ihr denn nicht gewusst, dass ich mich mit den Dingen meines Vaters beschäftigen muss?« (Lk 2,49 NLB).

Was uns faszinierte, waren die vier Vervollständigungszahlen, wovon die 12 die letzte ist. Wir sehen hier die vier Himmelsrichtungen, in die sich die Stämme Israels verteilten und letztendlich das aus zwölf Stämmen bestehende Königreich bildeten. Im Zusammenhang betrachtet sind die vier Himmelsrichtungen der Stämme und die zwölf Sternbilder die Regierungsperfektion Gottes. Hier noch ein paar faszinierende Fakten rund um die Zahl zwölf:

- Es waren 12 Apostel, die Jesus begleiteten – genauso wie die 12 Sternbilder, die den Weg Jesu begleiten.
- Bei der Speisung der Fünftausend blieben 12 Körbe mit Resten übrig (Mk 8,19). Dies zeigt Gottes unerschöpfliche Gnade.
- Die Frau aus Lukas 8,43 litt 12 Jahre lang unter Blutfluss. Jesus heilte sie ohne Wenn und Aber.

- Offenbarung 21, das Kapitel, in dem es um das neue Jerusalem geht, ist voll mit der Zahl 12. Dort ist vom neuen Himmel und der neuen Erde die Rede. Allein in Offenbarung 21,12(!) kommt die Zahl zwölf bereits viermal vor: »Die Stadt war von einer mächtigen, hohen Mauer umgeben und hatte **zwölf** Tore, an denen **zwölf** Engel ›Wache hielten‹ und auf denen **zwölf** Namen standen – die Namen der **zwölf** Stämme Israels.«
- Und last but not least: Der Tierkreis besteht aus 12 Bildern und fällt somit ebenfalls in den royalen Kreis der Regierungsperfektion.

09

Das Evangelium in den Sternen

Gastbeitrag von Erich Engler

Einleitung

Wir wollen uns die Weihnachtsgeschichte zusammen einmal aus einer ganz neuen Perspektive anschauen und betrachten, was der berühmte Stern von Bethlehem eigentlich genau ist und was er bedeutet.

Sehen wir uns dazu direkt die erste Bibelstelle an.

Ich verkündige ***von Anfang an das Ende****,*
und von der Vorzeit her, was noch nicht geschehen ist.
Ich sage: ***Mein Ratschluss soll zustande kommen****,*
und alles, was mir gefällt, werde ich vollbringen.
— Jesaja 64,10 SLT

»Ich verkündige von Anfang an das Ende« bedeutet, dass das ganze Wort Gottes eine Weissagung ist. Es heißt, dass wir das Ende schon am Anfang des Alten Testaments und ebenso am Anfang des Neuen Testaments sehen. Gott verkündet mit etwas Neuem also zugleich auch das Ende. Außerdem geht aus dem Vers hervor, dass die Geburt unseres Erlösers zugleich ein Bild seiner Wiederkunft ist. In der Weihnachtsgeschichte bedeutet die Geburt Jesu gleichzeitig auch die Wiederkunft Jesu – Anfang und Ende. Mit anderen Worten: Wenn Gott uns von Anfang an das Ende zeigt, zeigt er uns das erste und zweite Kommen Christi – durch die Geburt und die Geburtsgeschichte von Jesus. Wir erkennen: So wie der Herr einst für Israel kam, wird er wiederkommen, dann aber für die Gemeinde und die Welt; wir sehen im Anfang bereits das Ende. Es ist wie ein roter Faden, der sich durch die Bibel zieht.

Folge dem Stern

Kommen wir zu den drei Weisen aus dem Morgenland in der Weihnachtsgeschichte. Die meisten Leute denken ja, es handelte sich um Könige – dies stimmt nicht. Sie haben allerdings königliche Geschenke gebracht. Schauen wir uns dazu eine Bibelstelle an:

> *Als nun Jesus geboren war in Bethlehem in Judäa, in den Tagen des Königs Herodes, siehe, da kamen* ***Weise aus dem Morgenland*** *nach Jerusalem, die sprachen: Wo ist der neugeborene König der Juden? Denn wir haben* ***seinen Stern*** *im Morgenland gesehen und sind gekommen, um ihn anzubeten! — Matthäus 2,1–2* SLT

Die Weisen aus dem Morgenland waren Heiden, die sogenannten Magoi, wie es im Griechischen heißt. Sie gehörten zum damaligen Volk der Chaldäer und waren als Sterndeuter recht bekannt. Im Prinzip handelte es sich um hochgebildete Wissenschaftler, mit heutigen Astronomen vergleichbar, die mit der Legende um die drei Könige wirklich nichts zu tun haben. Es ging nicht um diese Männer, sondern vielmehr um die Geschenke, die sie brachten – Gold, Myrrhe und Weihrauch. In diesen drei Gaben können wir Jesus erkennen: Gold symbolisiert Königtum (Jesus ist unser König) und steht für die göttliche Natur in uns; Myrrhe hat viele Bedeutungen, sie steht für die Salbung, für Jesus als unseren Heiler und ebenfalls für sein Leiden und seinen Tod; und der Weihrauch steht für Jesus als unser Hoherpriester.

Der Prophet Daniel war der Kopf der Magoi, er lehrte sie und bildete sie aus, dass sehen wir ganz eindeutig im Buch

Daniel. Das Kommen Jesu wurde ja schon frühzeitig von Daniel vorausgesehen und von ihm vorhergesagt; er wusste, wann die Zeit kommen würde und lehrte diese Sterndeuter darüber. Dementsprechend konnten sie in den Sternen, in einer spezifischen Himmelskonstellation, das Kommen Jesu voraussehen und auch erkennen, welcher besondere Stern sie zum Erlöser führen würde. Sobald er erschien, folgten sie diesem Stern, über den sie ja von Daniel gelehrt worden waren. Interessanterweise führte sie dieser Stern wirklich zu Jesus, und bereits im Alten Testament wurde über diesen Stern prophezeit:

> *Ich sehe ihn, aber jetzt noch nicht; ich schaue ihn, aber noch nicht in der Nähe.* ***Ein Stern tritt hervor aus Jakob****, und ein Zepter erhebt sich aus Israel. Es wird die Schläfen Moabs zerschmettern und alle Söhne Seths zertrümmern.*
> *— 4. Mose 24,17 SLT*

Dieser Vers sagt uns, dass die Sterndeuter sich jahrhundertelang auf das Erscheinen dieses Sterns vorbereiteten und sie durch ihn geführt würden, nämlich zum Erlöser, zu Jesus. Weiter zeugt das sich erhebende Zepter von Macht und Autorität, von einer Königsherrschaft, die kommen würde.

Die Schechina-Herrlichkeit

Dieser Stern trat vor 2000 Jahren hervor und war nicht die Große Konjunktion von Jupiter und Saturn, wie Ende 2020 vielfach behauptet. Er war auch nicht die Venus und ebenso wenig ein Komet, ein Himmelsschweif oder ein

Asteroid, dem die Magoi nachgefolgt wären – nein, es war die Schechina-Herrlichkeit Gottes, ein übernatürlicher Lichtglanz am Himmel. Das heißt, da sie auf Grundlage der damaligen Astronomie vorbereitet wurden und daher alle Sterne kannten, war ihnen sofort klar, dass dies ein bisher unbekannter Stern war – und dann ging ihnen auf: Darauf haben wir gewartet!

Als die Schechina-Herrlichkeit am Himmel hervortrat, überstrahlte sie alles. Als übernatürlicher Stern tritt sie eigentlich nur zweimal auf: beim ersten Kommen und beim zweiten Kommen Christi. Die Bibel sagt uns dazu Folgendes:

> *Und dann wird das* ***Zeichen des Menschensohnes am Himmel erscheinen****, und dann werden sich alle Geschlechter der Erde an die Brust schlagen, und sie werden den Sohn des Menschen kommen sehen auf den Wolken des Himmels mit großer Kraft und* ***Herrlichkeit****.*
> *— Matthäus 24,30 SLT*

Es heißt: »Und dann wird das Zeichen des Menschensohnes am Himmel erscheinen …«, womit wir einen Sprung zum Ende machen. Jetzt geht es nicht mehr um Jesu Geburt, sondern Jesus selbst spricht hier. Er sagt, dass seine Schechina-Herrlichkeit ein zweites Mal am Himmel sichtbar werden und sein zweites Kommen ankündigen würde. Das erste und das zweite Kommen werden auf dieselbe Weise im Voraus bekannt gegeben.

Weiter heißt es am Ende, dass der Sohn des Menschen mit *Herrlichkeit* komme. Herrlichkeit – im Griechischen *doxa* – bedeutet Glanz, Brillanz, ein Strahlenmeer und Lichtglanz. Das wird das Zeichen beim zweiten Kommen sein, am Ende der siebenjährigen Trübsals- oder Drangsalszeit. Durch den Lichtglanz Gottes werden zu jener Zeit alle Menschen – nicht nur die Magoi – erkennen, dass Jesus kommt. Der Lichtglanz Gottes ist Jesu Gewand, er ist mit Herrlichkeit bekleidet und kommt damit vom Himmel auf die Erde zurück.

Die Bedeutung des Himmels und der Sterne

Überhaupt spielt der Himmel eine zentrale Rolle bei der Verkündigung von Gottes Plan, denn in Himmelsbildern können wir eigentlich seit jeher die Evangeliumsgeschichte lesen, vom ersten und zweiten Kommen Jesu. Der Tierkreis etwa beginnt mit der Jungfrau und endet beim Löwen und ist sogar in der Bibel beschrieben. Die größten Ereignisse der Geschichte – Jesu Geburt und seine Wiederkunft – standen schon immer im Himmel und sind größere Ereignisse als die Schöpfung der Erde. Die Erlösung ist größer als die Schöpfung.

Auch im Buch der Offenbarung sehen wir im zwölften Kapitel das erste und das zweite Kommen Jesu, in Form des Bildes einer Frau im Himmel.

> *Und ein großes Zeichen erschien im Himmel:* ***eine Frau, mit der Sonne*** *bekleidet, und der Mond unter ihren Füßen, und auf ihrem Haupt eine Krone mit* ***zwölf Sternen****. Und sie war* ***schwanger*** *und schrie in Wehen und Schmerzen der Geburt. Und es erschien ein anderes Zeichen im Himmel: siehe, ein großer,* ***feuerroter Drache****, der hatte sieben Köpfe und zehn Hörner und auf seinen Köpfen sieben Kronen; und sein* ***Schwanz*** *zog den* ***dritten Teil der Sterne*** *des Himmels nach sich und warf sie auf die*

*Erde. Und der **Drache** stand vor der **Frau**, die gebären sollte, um ihr **Kind** zu verschlingen, wenn sie geboren hätte. Und sie gebar einen **Sohn, einen männlichen**, der alle **Heidenvölker** mit eisernem Stab weiden wird; und **ihr Kind wurde entrückt** zu Gott und seinem Thron. Und die **Frau floh in die Wüste**, wo sie einen von Gott bereiteten Ort hat, damit man sie dort **1260 Tage** lang ernähre.*
— Offenbarung 12,1–6 SLT

Wir sind hier also wieder im Himmel mit den Sternen. Wer ist die Frau? Sie ist Israel. Typologisch gesehen ist Israel die Frau Gottes bzw. Jahwes, während die Gemeinde Christi Braut ist. Sonne und Mond stehen für Jakob und Rahel, weil ihr Sohn Josef den Traum von Sonne und Mond hatte und davon, dass sich elf Sterne vor ihm verbeugen würden. Mit ihm selbst sind es dann zwölf, wie es oben heißt. Die zwölf Sterne stehen für die zwölf Stämme Israels. Aufgrund des Traumes, den Josef hatte, wissen wir, dass diese Stelle in der Offenbarung so zu deuten ist und wir sie auf Israel beziehen können.

Mit dem Satz »Und sie war schwanger ...« wechseln wir dann ins Neue Testament. Die Frau – Israel – war schwanger und Jesus ging bekanntlich aus den Juden hervor. Auch die Geburt Jesu wird angesprochen. Der feuerrote Drache ist der Teufel, der Jesus von Anfang an verfolgt hat und töten wollte (als Drache das Kind verschlingen). Der auf die Erde geworfene dritte Teil der Sterne sind die gefallenen Engel. Auch sie werden Sterne genannt, da sie himmlische und keine physischen Körper haben. Luzifer (»Lichtträger«) als ehemals höchstrangiger Engel trägt dementsprechend das Licht in seinem Namen. Du siehst, das Buch der Offenbarung ist eigentlich kein schwieriges Buch, denn es ist ja die Offenbarung Jesu Christi. In ihm sehen wir Jesu Plan und Ratschluss für uns und diese Erde. In Vers 5 heißt es dann, dass die Frau Jesus gebar. Dann ist die Rede von Jesu Regentschaft als König im Tausendjährigen Reich, das mit seiner Wiederkunft anbrechen wird. Mit der Entrückung des Kindes ist die Auffahrt Jesu gemeint; diese ist auch ein Bild für die Entrückung der Gemeinde. Im Himmel setzte Jesus sich dann zur Rechten des Vaters. »Und die Frau floh in die Wüste …« – hier machen wir einen Sprung in die Große Trübsal, denn die 1260 Tage stehen für den zweiten Teil der Trübsalszeit, exakt dreieinhalb Jahre. In diesem letzten Vers wird dementsprechend beschrieben, wie Israel im zweiten Teil der Trübsalszeit verfolgt wird, in der Wüste einen von Gott bereiteten Ort findet und dort beschützt wird. Wir sehen also in diesem Text der Offenbarung sowohl Jesu erstes Kommen als auch sein zweites Kommen und auch, dass der Himmel und die Sterne diese beiden Ereignisse schon immer verkündet haben.

Der leuchtende Morgenstern

Schauen wir uns noch an, wie die Offenbarung endet.

> *Ich, Jesus, habe meinen Engel gesandt, um euch diese Dinge für die Gemeinden zu bezeugen.* ***Ich bin*** *die Wurzel und der Spross Davids,* ***der leuchtende Morgenstern****.*
> *— Offenbarung 22,16 SLT*

Jesus bezeichnet sich hier als der leuchtende Morgenstern; er ist die Schechina-Lichtherrlichkeit. Dies verdeutlicht abermals, dass die Magoi genau *das* sahen und dass es dabei nicht um eine Himmelskonstellation bekannter Sterne und Planeten ging. Indem die Magoi dem Stern von Bethlehem folgten, folgten sie Jesus. Was heißt das für uns heute? Wir folgen nicht der Astrologie oder Horoskopen; wir folgen Jesus! Er ist der wahre Stern. Wir brauchen keine Horoskope, die uns Glück versprechen; wir brauchen Gunst in unserem Leben. Glück ist Zufall, aber mit Jesus als Gnade in Person kommt Gunst in unser Leben, und die ist konstant. Dein Sternzeichen und dein Horoskop bedeuten nicht viel, denn das ist alles nur ein minderwertiger Ersatz für das Wahre. In der Bibel findest du den leuchtenden Morgenstern, die Schechina-Herrlichkeit Gottes, das Wahre. Der Himmel und die Sterne erzählen nicht *unsere* Geschichte, wie es die Astrologie nahelegt; sie erzählen in Wirklichkeit die Geschichte eines anderen. Sie erzählen von Jesus und seiner großen Gnade!

Die Rückkehr des Sterns von Bethlehem

Jetzt wollen wir uns die Rückkehr des Sterns von Bethlehem anschauen. Es heißt in Matthäus 2,2, dass die Weisen »seinem« Stern nachgefolgt sind. Das Possessivpronomen *sein* (»sein Stern«) bedeutet, dass Jesus diesen Stern besitzt. Es gibt einen persönlichen Stern des Messias. Das ist ein weiterer klarer Hinweis darauf, dass sie kein Himmelskörper, weder ein Komet noch die Venus, führte. Im Griechischen handelte es sich um einen Astera, *seinen* Astera, welcher die Schechina-Herrlichkeit, der Lichtglanz Gottes war. Die Magoi wurden von einem übernatürlichen Licht geführt; interessanterweise bewegte dieser Stern sich und hielt dann plötzlich an und blieb über einem Ort stehen, dem Geburtshaus von Jesus.

So konnten die Magoi den Ort finden. Kein natürlicher Stern verhält sich so, es muss also die Schechina-Lichtherrlichkeit Gottes gewesen sein.

> *Denn der Sohn des Menschen wird* ***in der Herrlichkeit seines Vaters*** *mit seinen Engeln kommen, und dann wird er jedem Einzelnen vergelten nach seinem Tun.*
> *— Matthäus 16,27 SLT*

Wie schon erwähnt, wird beim ersten und zweiten Kommen Jesu derselbe »Stern« sichtbar werden. In Hebräer 1 heißt es, Jesus ist der Abglanz Gottes – das ist die »Herrlichkeit seines Vaters«, die Jesus hat und von der im zitierten Vers die Rede ist. Jesus wird auf die gleiche Weise wiederkommen, wie er geboren wurde. Die Schechina-Herrlichkeit Gottes ist das Zeichen am Himmel, woran alle Welt erkennen wird, dass Jesus Christus nach der Trübsalszeit wiederkommt. Wahrscheinlich wird sogar das neue Jerusalem mit ihm kommen und sichtbar werden, denn laut Offenbarung 21 befindet sich in der Stadt ebenfalls die Schechina; der Lichtglanz Gottes erhellt die Stadt. Es gibt viele Anhaltspunkte in der Bibel, dass beides gleichzeitig geschieht. Und wenn wir entrückt sind, werden auch wir diese Herrlichkeit in unserem himmlischen Körper mittragen – wir werden die gleiche Herrlichkeit wie unser Herr ausstrahlen, wie wunderbar!

Keine normale Sonnenfinsternis

Was sonst noch auffällt, steht in Lukas 23,45 (SLT):

*Und die **Sonne wurde verfinstert**,*
und der Vorhang im Tempel riss mitten entzwei.

Wir wissen, dass dies geschah, als Jesus am Kreuz starb. Jesus wurde mit Licht geboren; Licht führte die Magoi bei seinem ersten Kommen zum Herrn. Als Jesus starb, wurde es hingegen finster, und die Finsternis bedeckte die Erde drei Stunden lang. Solange Jesus unter den Menschen war, war das Licht da. Doch als man Jesus tötete, entstand eine große Finsternis. Laut Bibel wurde die Sonne verfinstert.

Sonnenfinsternisse oder Blutmonde sind ja in aller Munde und in dem Zusammenhang erleben wir im Westen eine große Zunahme eines Bewusstseins dafür. Die Bibel bezeichnet diese Ereignisse als Zeichen in den letzten Tagen und es bedeutet, dass Jesus bald wiederkommt. Die Sonnenfinsternis, um die es im gerade zitierten Vers geht, war jedoch keine normale Sonnenfinsternis. Sie ist mit dem Stern zu vergleichen, dem die Magoi nachfolgten. Ebenso wie es sich dabei um einen übernatürlichen, einen göttlichen Stern handelte, handelte es sich hier um keine normale Verfinsterung der Sonne. Eine natürliche Sonnenfinsternis dauert maximal siebeneinhalb Minuten an, doch die Sonnenfinsternis zum Tod Jesu dauerte drei Stunden. Es kam also eine übernatürliche Dunkelheit über die Erde, als Jesus starb, so wie es ein übernatürliches Licht gab, als Jesus geboren wurde.

Jesus bringt Licht

Wann immer Jesus in unser Leben kommt, wird es hell; wann immer Jesus aus unserem Leben genommen wird oder wir ihn daraus verbannen, wird es finster. Beim ersten Kommen wurde es hell, beim zweiten Kommen, Jesu Wiederkunft, wird es ebenfalls hell – die ganze Welt wird den Lichtglanz Gottes, die Schechina sehen. Und interessanterweise heißt es mehrmals, kurz bevor Jesus wiederkommt, werde die Welt in Finsternis, dunkel sein. Im Buch der Offenbarung ist von mehrfachen Finsternissen auf der Erde die Rede, aber in dem Moment, wenn Jesus kommt, kommt der Lichtglanz Gottes zu den Menschen. Der Herr, Gott selbst, ist die Antwort für alles. Seine Antwort ist global – für alle Menschen – und gleichzeitig individuell – für dich ganz persönlich. Freund, Jesus möchte, dass du Licht in deinem Leben hast, dafür wurde er geboren.

> *Und so halten wir nun fest an dem völlig gewissen* ***prophetischen Wort****, und ihr tut gut daran, darauf zu achten als auf ein Licht, das an einem dunklen Ort scheint, bis der Tag anbricht und* ***der Morgenstern*** *aufgeht in euren Herzen. — 2. Petrus 1,19 SLT*

Jesus ist der Morgenstern, denn das sagt er von sich in Offenbarung 22. Diesen hellen Stern sieht man kurz vor Sonnenaufgang und er steht symbolisch für Jesu Glanz, Brillanz und Herrlichkeit. Jesus möchte in deinem Herzen als der helle Morgenstern aufgehen und du musst nichts weiter dafür tun, als ihn dazu einzuladen und zu sagen: »Jesus, werde du zu meinem hellen Morgenstern!« Wenn Jesus in dein Leben kommt, kommt auch Licht in dein Leben.

Die Sterne seiner Wiederkunft

Warum eigentlich musste es ein Stern sein, dem die Magoi nachfolgten – warum kein Ufo, warum keine Wolke oder sonst etwas anderes? Wir haben ja schon herausgefunden, dass es der persönliche Stern des Herrn war, dass es »sein« Stern war. Das sagt schon vieles aus, aber ich glaube, es gibt noch eine andere Antwort auf die Frage, warum es ein Stern war.

> *Und er hatte in seiner rechten Hand* ***sieben Sterne****, und aus seinem Mund ging ein scharfes, zweischneidiges Schwert hervor; und sein Angesicht leuchtete wie die Sonne in ihrer Kraft. — Offenbarung 1,16* SLT

Jesus mag Sterne ganz offensichtlich. Wir sehen im Wort Gottes eine Menge Verbindungen mit Himmelskörpern: Sonne, Sterne, strahlen, Glanz, leuchten. Es heißt, Jesus habe sieben Sterne in seiner rechten Hand. Ein paar Verse weiter erfahren wir, was diese sieben Sterne bedeuten.

> *... das Geheimnis der* ***sieben Sterne****, die du in meiner Rechten gesehen hast, und der sieben goldenen Leuchter. Die* ***sieben Sterne sind Engel*** *der* ***sieben Gemeinden****, und die sieben Leuchter, die du gesehen hast, sind die* ***sieben Gemeinden****. — Offenbarung 1,20* SLT

Die sieben Sterne sind also die Engel, Botschafter der Gemeinde. Sterne stehen demnach in Zusammenhang mit der Gemeinde; jede Gemeinde hat ihren eigenen Engel, einen himmlischen Wächter, der sie repräsentiert.

Jesus hat einen *Star* in seinem Leben – die Gemeinde. Wir sind Jesu Star. So galt Jesu erstes Kommen auch seiner Braut, der Gemeinde. Mit seinem ersten Kommen zeugte er die Gemeinde und läutete ihr Zeitalter ein. Sein zweites Kommen wird ebenfalls der Gemeinde gelten, wenn er sie vor Beginn der siebenjährigen Trübsalszeit abholt und entrückt. Wir haben eine wirklich privilegierte Stellung vor dem Herrn!

Die Geschichte des Himmels

Der gesamte Sternenhimmel erzählt uns die Geschichte des Evangeliums. Wie schon angedeutet, können wir sogar erkennen, dass der Tierkreis vom Evangelium spricht.

> *Knüpfst du die Bande des* ***Siebengestirns****, oder kannst du die Fesseln des* ***Orion*** *lösen? Kannst du die Sterne des Tierkreises herausführen zu ihrer Zeit, und leitest du den* ***Großen Bären*** *samt seinen Jungen? Kennst du die Gesetze des Himmels, oder bestimmst du seine Herrschaft über die Erde? — Hiob 38,31–33*

Hier ist von lauter Himmelszeichen und -konstellationen die Rede. Gott zeigt uns, dass er der Schöpfer des gesamten Universums ist und dass Tierkreis und Sternbilder von ihm stammen, nicht von der Astrologie oder Astronomie. Der ganze Sternenhimmel, sogar der Tierkreis, erzählt uns eine Geschichte – nicht von der ganzen Schöpfung oder vom Alten Testament, sondern vom Zeitalter der Gnade, der Erlösung durch Jesus, vom Evangelium.

Ich sage: Auf ewig wird die ***Gnade*** *gebaut, deine Treue gründest du fest* ***in den Himmeln****. — Psalm 89,3 SLT*

Im Himmel ist die Gnade aufgezeichnet, hineingebaut worden. Im Himmel, in den Himmelskörpern und -konstellationen steht ein großes Wort: Evangelium. Die Astrologie hat das komplett aus dem Zusammenhang gerissen; doch Gott war es, der den Tierkreis geschaffen hat. Und Gott, nicht der Mensch, legt fest, was er in seiner Gesamtheit bedeutet. Nicht alles, was Gott geschaffen hat, gebraucht der Mensch auch sinnentsprechend. Er neigt dazu, die Dinge für seine eigenen Zwecke an sich zu reißen und – in dem Fall im Rahmen der Astrologie – zu verdrehen. Doch Gott hat den Himmel erschaffen, damit er uns die Geschichte von Jesus und seiner Gnade erzählt.

Das Evangelium im Tierkreis

Wir sollten nicht von den zwölf Sternzeichen reden, sondern vom Tierkreis, denn alle Zeichen gehören zusammen. Der Tierkreis repräsentiert einen Zyklus von Jungfrau (Virgo) bis Löwe (Leo), von der Geburt Jesu (durch eine Jungfrau) bis zu seiner Wiederkunft als der Löwe von Juda, d. h. vom ersten bis zum zweiten Kommen Jesu. Gott sagt, dass er den Tierkreis gegeben hat, deshalb müssen wir das Warum herausfinden. Es gibt keinen Grund, ihn als Astrologie abzutun; vielmehr sollten wir schlauer und weiser sein als die Welt. Der Tierkreis ist eigentlich das Evangelium Christi am Sternenhimmel. Er beschreibt sein erstes Kommen, das Zeitalter der Gnade und schließlich sein zweites Kommen mit jeweils vier Tierkreiszeichen.

Das Evangelium Christi am Sternenhimmel

Von der Geburt (Virgo) bis zur Wiederkunft (Leo)

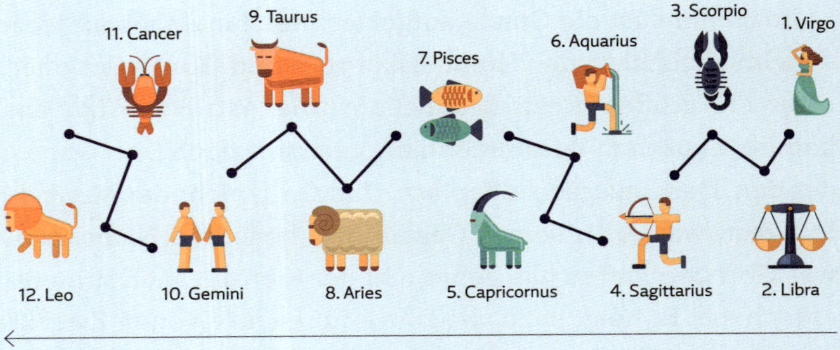

Durch den Samen einer Frau (Jungfrau) kommt die Gerechtigkeit (Waage).
Er besiegt den Stachel des Todes (Skorpion) und triumphiert (Schütze).
Der Sündenbock (Steinbock) gibt lebendiges Wasser (Wassermann) den Erlösten (Fisch).
Sein Opfer (Widder) und seine Wiederkunft (Stier) als Gottmensch (Zwilling),
geben der Gemeinde ein ewiges Zuhause (Krebs). Er kommt und triumphiert völlig (Löwe).

Ich möchte mit dir einmal diesen Tierkreis in Bezug auf Jesus durchgehen: Die Jungfrau (Virgo) steht für die Geburt Jesu Christi; die Waage (Libra) steht für die Gerechtigkeit der Gerechten; Skorpion (Scorpio) steht für den Stechenden, der durch Christus besiegt wird (der, der den »Stachel des Todes« hat, von dem die Bibel spricht); der Schütze (Sagittarius) steht für den Triumph am Kreuz. Die ersten vier Zeichen beschreiben uns also das erste Kommen Jesu und wie er am Kreuz gesiegt hat. Nach dem Kreuz kam das Gemeindezeitalter bzw. das Zeitalter der Gnade, in dem wir auch heute noch leben: Der Steinbock (Capricornus) steht für Jesus als den Sündenbock für alle; der Wassermann (Aquarius) steht für das lebendige Wasser, das Jesus uns gegeben hat; der Fisch (Pisces) steht für die Gemeinde der Erlösten (denk an die Fischeaufkleber auf den Autos vieler Christen); der Widder (Aries) symbolisiert das geopferte Lamm. Der letzte Teil beschreibt Jesu zweites Kommen: Der Stier (Taurus) steht für die Wiederkunft Christi in Kraft; unter dem alten Bund ist der Stier auch ein Bild des Opfers Jesu, aber vor allem ist der Stier ein starkes Tier. Zwillinge (Gemini) steht für Jesu Dualität, er ist Gott und Mensch zugleich. Der Krebs (Cancer) steht für

Das Evangelium Christi am Sternenhimmel

Sein erstes Kommen, die Gemeinde, Sein zweites Kommen

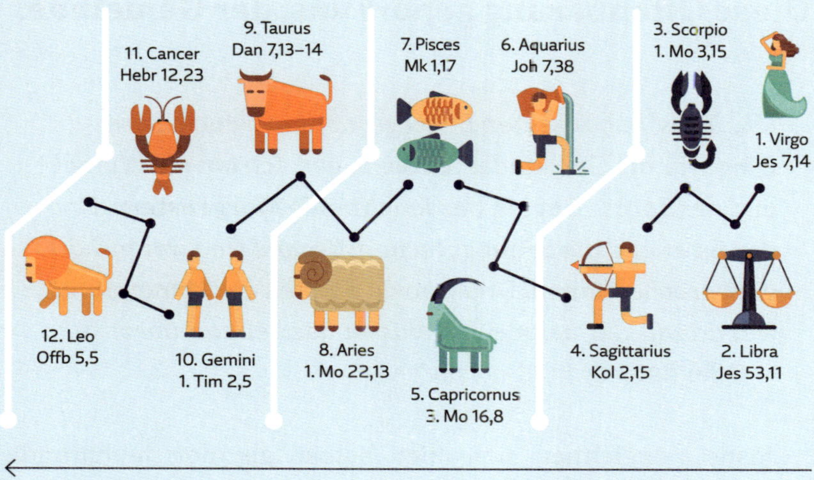

ZWEITES KOMMEN JESU

Stier:
die Wiederkunft Christi in Kraft

Zwillinge: der Gottmensch und Königpriester

Krebs: die Heimat der Gemeinde im Himmel

Löwe: vollendeter Triumph in der Wiederkunft

ZEITALTER DER GNADE

Steinbock:
der Sündenbock für alle

Wassermann:
das lebendige Wasser

Fisch:
die Gemeinde der Erlösten

Widder:
das geopferte Lamm

ERSTES KOMMEN JESU

Jungfrau:
die Geburt Jesu Christi auf Erden

Waage:
die Gerechtigkeit des Gerechten

Skorpion:
der Stechende wird besiegt

Schütze:
der Triumph am Kreuz

die Gemeinde und repräsentiert ihre Heimat im Himmel. Der Löwe (Leo) schließlich symbolisiert den vollendeten Triumph durch die Wiederkunft Christi, Jesus kommt wieder als Löwe von Juda.

In 1. Mose 15 sollte Abraham die Sterne (dem Hebräischen nach) nicht »zählen«, sondern »erzählen«; Abraham ist der Vorläufer vom Evangelium. Abraham war ebenfalls Chaldäer und wuchs daher mit der Praxis des »Himmellesens« auf.

Viele Christen lehnen die Lehre vom Tierkreis ab, aber das liegt an mangelnder Erkenntnis. Alles, was wir hier behandelt haben, geht zurück bis in die Zeit von Abraham und es zeigt sich ein roter Faden vom Anfang der Bibel bis zum Buch der Offenbarung.

Diese Offenbarung gehört uns, der Gemeinde!

> *Ich, Jesus, habe meinen Engel gesandt, um euch diese Dinge für die Gemeinden zu bezeugen.* ***Ich bin*** *die Wurzel und der Spross Davids,* ***der leuchtende Morgenstern****. Und der Geist und* ***die Braut*** *sprechen:* ***Komm!*** *Und wer es hört, der spreche:* ***Komm!*** *Und wen da dürstet, der komme; und wer da will, der nehme das Wasser des Lebens umsonst!*
> *— Offenbarung 22,16–17* SLT

Jesus bezeichnet sich hier selbst als der leuchtende Morgenstern, von dem wir inzwischen wissen, dass es die Schechina-Herrlichkeit, der Glanz Gottes ist. Weshalb sollten wir als Christen und Gemeinde diese wunderbare Offenbarung keinesfalls ablehnen? Weil wir für Jesus der Star sind!

»... der Geist und die Braut sprechen: Komm! Und wer es hört, der spreche: Komm!« Hier erkennen wir das erste und das zweite »Kommen« und dass die Braut, d. h. die Gemeinde, Jesus herbeiruft; die Braut sehnt sich nach Jesu Wiederkunft, und der Bräutigam wird sie zu sich holen.

Bei dem Ganzen handelt es sich also nicht einfach um Sterne im Orbit, sondern es sind die Sterne seines Kommens, seiner Wiederkunft, die das Evangelium verkünden. Für wen wurde all dies aufgeschrieben? Die Gemeinde! Jesus möchte, dass sie weiser ist als alle Weisen. Er möchte, dass wir Menschen, die sich in der Astrologie verzettelt haben, mit der Wahrheit begegnen können, denn nur diese wird sie freisetzen. Wir sollten nicht alles von vornherein ablehnen, sondern wir können die Menschen dort abholen, wo sie stehen, und sie in die biblische Wahrheit einweihen.

Schließlich geht es darum, dass Jesu »Star« seiner Gemeinde ist und dass er für diejenigen, die dürsten, mit dem Lebenswasser kommen und ihren Durst gänzlich stillen wird.

Palmoni, der wunderbare Zähler

In der Bibel erscheint Jesus bestimmten Personen in Form verschiedener Gestalten, sogar schon vor seiner Menschwerdung. Dabei werden unterschiedliche Attribute seines göttlichen Wesens deutlich. Diese Erscheinungen nennen wir Christophanien. Die bekannteste Christophanie dürfte die sein, die gemeinhin als das Damaskuserlebnis des Paulus bekannt ist. In diesem Beitrag steht jedoch eine andere Erscheinung Jesu im Fokus. Schauen wir uns zunächst einen Vers aus dem Lukasevangelium an.

> *Aber auch die Haare eures Hauptes sind* ***alle gezählt****.*
> *Darum fürchtet euch nicht! Ihr seid mehr wert als viele Sperlinge. — Lukas 12,7 SLT*

Egal, ob viele oder wenige, alle Haare auf deinem Haupt sind schon gezählt! Jesus ist somit der große, wunderbare Zähler! Glaubst du an Jesus und an seine Zählkünste, dann glaubst du dem wunderbaren *Palmoni*, den großen und geheimnisvollen Zähler, den ich hier betrachten möchte.

Jesus ist der Herr über die Gematria (die Lehre von der Interpretation von Wörtern aufgrund ihrer Zahlenwerte) und die Zahlen. Viele Dinge kann man mit Zahlen erklären; die Wissenschaft ist auf Zahlen angewiesen. Das Universum wird aufgrund von Berechnungen erforscht. Die Menschheit kommt mit ihrem Verstand schon weit, aber Gottes Verstand ist unbegrenzt und unerschöpflich.

Ich will dir erklären, wie dies im Zusammenhang mit einer frischen Offenbarung steht, die dein Leben bereichern wird. Jesus sagt: »Fürchtet euch nicht!« Das heißt, hab keine Angst vor dem, was kommen wird. Hab keine Angst vor einem Virus, keine Angst vor der Impfung. Hab keine Angst vor irgendetwas, was in der Welt so bedrohlich erscheint. Wenn wir eine Offenbarung vom großen Zähler haben, fürchten wir uns nicht, sondern gehen furchtlos in die Zukunft. Jesus verliert niemals den Überblick, sondern zählt sogar jeden Tag neu alle deine Haare. Er hat bereits für alles Vorsorge getroffen, und in diesen letzten Tagen benutzt Gott Offenbarung und Visionen, um uns zu stärken, uns Kraft zu geben, uns Mut und Hoffnung zu schenken und um uns Glauben zu verleihen.

Die Offenbarung Jesu Christi

Gott führte mich in Vorbereitung auf das Jahr 2021 vor allem ins Buch Daniel, wo ich sonst nicht so oft bin, aber ich folgte einfach dem Heiligen Geist. Dabei habe ich einiges Neues gelernt, zum Beispiel, dass das Buch Daniel und die Offenbarung zusammengehören, eine Einheit bilden. Das Buch Daniel im Alten Testament ist die Prophetie, und die Offenbarung im Neuen Testament ist die Enthüllung ebendieser Prophetie. Die Offenbarung enthüllt, was Daniel weissagte. Will man das eine verstehen, kann man das andere nicht weglassen. Daniel und Offenbarung ergänzen einander und legen einander aus. Damit wir verstehen können, wer Palmoni ist, müssen wir dies zunächst begreifen.

Das Buch der Offenbarung beginnt mit folgenden Worten: »Dies ist die Offenbarung Jesu Christi …« (Offb 1,1 LUT) Viele Menschen haben Angst, das Buch der Offenbarung zu lesen, weil sie nicht verstehen, dass die Offenbarung primär kein Buch über die Menschheit und deren Ende ist. Sie ist vielmehr ein Buch über unseren Herrn und seine Pläne und Absichten für diese Erde, denn so beginnt sie und so endet sie auch. Und dazwischen wird uns mehr über die Person unseres Herrn Jesus offenbart.

Sieben Gesichter von Jesus

Da das Buch Daniel und die Offenbarung sich ergänzen, liegt auch in Daniel ein starkes Gewicht auf einer Offenbarung unseres Herrn. In diesem Buch finden wir in den verschiedenen Kapiteln sieben Gesichter von Jesus, sieben Offenbarungen der Person Jesu und deren Herrlichkeit (Sieben ist dabei passenderweise die Zahl der Vollendung).

In Daniel **Kapitel 2** etwa ist Jesus der *rollende Stein*. Daniel sieht das Standbild aus Nebukadnezars Traum, welches in vier Teile unterteilt ist, die für die vier Weltreiche der Menschheitsgeschichte stehen, und am Schluss dieser Vision sieht er, wie ein rollender Stein das gesamte Gebilde zerstört. Das ist das fünfte, das messianische Reich, das Millennium (tausendjährige Reich), in dem Jesus in Gnade und Gerechtigkeit herrscht. Was Zahlen und Buchstaben angeht, gibt es in der Schrift keine Zufälle. So steht die Zahl Vier – die vier Weltreiche – für die Welt, die Erde; die Zahl Fünf steht für Gnade, das Himmlische. Wenn Jesus als der rollende Stein zum Anbruch des Millenniums kommt, zermalmt er alle anderen Reiche und alles wird unter seine Füße getan. Wie wunderbar!

In Daniel **Kapitel 3** sehen wir ein neues Gesicht Jesu, dort ist er der *vierte Mann im Feuerofen*. Sadrach, Mesach und Abednego, die drei Freunde Daniels, waren im Feuerofen – ihre Strafe für die Nichtanbetung des Königs – nicht allein; es war dort, zur Überraschung des Königs, noch ein vierter Mann anwesend. Und während das Feuer sie eigentlich verzehren sollte, wurde nicht ein Haar an ihnen angesengt; sie blieben völlig unversehrt. König Nebukadnezar sagte über den vierten Mann, den er im Feuerofen sah, seine Gestalt gleiche einem Sohn der Götter. Dieser vierte Mann war Jesus! Dies ist ein Beispiel für eine Christophanie, eine Erscheinung Jesu, bevor er als Mensch geboren wurde.

In **Kapitel 7** sehen wir ihn als kommenden Sohn des Menschen in den Wolken, als den Menschensohn, der auf den Wolken kommt.

In **Kapitel 8** sehen wir ihn als Palmoni, den wunderbaren Zähler, auf den ich gleich genauer zu sprechen komme.

In **Kapitel 9** sehen wir Jesus als den gesalbten Fürsten, als den Gesalbten.

In **Kapitel 10** ist er der Mann im Leinengewand.

Und in **Kapitel 12** sehen wir Jesus nochmals als wunderbaren Zähler und als Mann in Leinen.

Diese prophetischen Bücher geben uns natürlich Tage, Zeiten und Angaben, aber vor allem zeigen sie uns unseren lieblichen Erlöser.

Wer ist »Palmoni«?

In diesem Beitrag wollen wir uns auf Daniel Kapitel 8 konzentrieren, auch wenn man über alle Gesichter eine ganze Predigtreihe produzieren könnte. Ich möchte zeigen, wo man diesen wunderbaren Zähler, Palmoni, findet. Es ist zunächst interessant zu erfahren, dass das Wort »Palmoni« nur ein einziges Mal in der Bibel vorkommt, nämlich an folgender Stelle:

Und ich hörte einen Heiligen reden; und ein anderer Heiliger fragte den Betreffenden [Palmoni], der redete: Wie lange gilt dieses Gesicht, nämlich das von dem beständigen [Opfer] und dem verheerenden Frevel, dass sowohl Heiligtum als auch Opferdienst der Zertretung preisgegeben wird? Er sprach zu mir: Bis zu 2300 Abenden und Morgen; dann wird das Heiligtum gerechtfertigt werden! — Daniel 8,13–14 SLT

In diesem Handlungsstrang sehen wir drei Personen, ein Triangel, darunter zwei Heilige. Der eine Heilige ist der Engel Gabriel, welcher den anderen Heiligen, »den Betreffenden«, anspricht. Im Hebräischen steht an dieser Stelle der Begriff *Palmoni* und der kommt, wie gesagt, in der Bibel nur einmal vor. Auch in unserer deutschen Übersetzung ist »Betreffender« ein seltenes Wort. Es gibt einzelne Ausdrücke in der Bibel, die nur einmal oder ganz selten vorkommen und denen deshalb besondere Aufmerksamkeit gewidmet werden sollte. »Palmoni« setzt sich aus zwei hebräischen Wörtern zusammen. Das erste Wort ist *pala* und bedeutet »Wunderbarer« – wie Jesus auch in Jesaja 9,6 genannt wird. Das zweite Wort ist *mene.* Vielleicht erinnerst du dich an »mene mene tekel« aus dem Buch Daniel. Die unsichtbare Hand schreibt diese Worte gegenüber König Belsazar an die Wand. Niemand versteht diese Worte außer Daniel. Er kann sie lesen und sagen, was sie bedeuten: »Deine Tage sind gezählt.« *Mene* bedeutet also »gezählt« und Palmoni demnach: »wunderbarer Zähler«. Jesus ist der Herr der Gematria, deshalb hab keine Angst vor Zahlen! Palmoni ist wiederum eine Christophanie, eine Erscheinung Jesu, bevor er auf die Erde geboren wird.

Als dritte Person dieses Triangels ist da noch der Prophet des Buches, Daniel; auf ihn gehe ich gegen Ende ein.

König Antiochos IV. und die Juden

Die Antwort auf die Frage des Heiligen lautet 2300 Tage. Der Betreffende, der Palmoni, antwortet also mit einer Zahl. 2300 Tage würde es dauern, bis das Heiligtum gerechtfertigt bzw. wiederhergestellt wäre. Was bedeutet das? In jener Zeit gab es verschiedene Könige, die Israel eroberten und besetzten. Das griechische Weltreich, welches übrigens das dritte Reich im Standbild von Nebukadnezar war, wurde nach dem Tod von Alexander dem Großen in vier Teile aufgespalten. Einer dieser Teile war das sogenannte Seleukiden-Reich. Die Seleukiden regierten nicht länger als 250 Jahre, bevor sie ihre Macht wieder verloren. Sie hatten diverse Könige, von denen einer Antiochos IV. Epiphanes hieß, was »der erschienene Gott« bedeutet. Er herrschte von 215–164 v. Chr. und gehörte zu den Regenten aus den Generationen, die auf Alexander dem Großen folgten.

Dieses Reich der Seleukiden war eines der kleineren und hatte nicht lange Bestand. Antiochos verlor auf seinen Kriegszügen eine Menge Geld, weshalb die Staatskasse leer und die Kriegsschulden entsprechend hoch waren. Daher ging er nach Jerusalem und plünderte den jüdischen Tempel und entnahm ihm alle Kostbarkeiten. Zudem verbot er den Juden die Ausübung ihrer Religion, ließ Zeus anstelle von Jahwe im Tempel verehren und ließ zu, dass dort Schweine geopfert wurden. Das alles wird im Buch Daniel treffend als »Gräuel der Verwüstung« bezeichnet. Aus Sicht der Juden war das absolut entsetzlich, eine beispiellose Schändung und Verunreinigung des Tempels. Außerdem war dieser König manisch, weshalb er den Spitznamen Antiochos-Epimanes hatte. Er war schlichtweg verrückt. So ließ er beispielsweise vor den Augen deren Mütter den Söhnen die Zunge herausschneiden und ihnen bei lebendigem Leib die Kopfhaut abziehen, weil er solch einen Hass auf die Juden hatte.

All das führte zum berühmten Makkabäer-Aufstand der Juden und ist der Grund, weshalb man die Makkabäer-Bücher in den Apokryphen (nicht-kanonisierte Spätschriften des Alten Testaments) findet. Aus demselben Grund feiern die Juden das heutige Chanukkafest, bei dem es um die Rückeroberung und Wiederherstellung des Tempels geht. Es wird den Geschehnissen von 164 v. Chr. gedacht, als man wieder in den Tempel zurückkonnte, weil das Gräuel der Verwüstung entfernt und der jüdische Tempeldienst wiederhergestellt war. Das war für die Juden ein großer Sieg. Es waren zwar noch andere Mächte wie Rom darin verwickelt, aber letztlich wurden Menschen von einem König drangsaliert und unterdrückt, weil dessen Kasse leer und seine Kriegsschulden hoch waren.

Gehen wir zurück zur Geschichte aus Daniel, in der der eine Engel den anderen fragt: »Wie lange dauert es noch?« – »2300 Tage«. Das ist genau die Zeitspanne bis 164. v. Chr., als beschriebener Gräuel durch den Makkabäer-Aufstand wieder entfernt wurde und die Juden ihren Tempel zurückbekamen. Deshalb heißt es in Vers 14: »... dann wird das Heiligtum gerechtfertigt werden!« Von der Tötung des Hohenpriesters in der damaligen Zeit bis zur Wiederherstellung des Tempels vergingen 2300 Tage. Palmoni hat also richtig gezählt ...

Antiochos und der Antichrist

Wie schon gesagt, ergänzen sich die Bücher Offenbarung und Daniel und stimmen überein. Dementsprechend war dieser Antiochos ein Abbild bzw. ein Typus des kommenden Antichristen, denn auch der Antichrist wird sich – laut Offenbarung – in den Tempel setzen und Anbetung verlangen. Er wird dort ein anderes Gottesbild installieren, ebenso wie Antiochos, der dort Zeus platzierte. In der zweiten Hälfte der Trübsalszeit wird der Antichrist dann verlangen, dass die, die es nicht anbeten, sterben müssen. Und auch in der Offenbarung ist vom »Gräuel der Verwüstung« die Rede. Antiochos' Beiname, Epiphanes, bedeutet »der erscheinende Gott« und analog dazu wird der Antichrist auf der Weltbühne als Gott *erscheinen*.

Am Anfang, die ersten dreieinhalb Jahre, wird er sich nicht als Gott offenbaren, sondern als Friedensstifter. Er wird die Nationen nach der Entrückung zusammenführen und vereinen und die Lösung präsentieren. Nun stell dir vor, die Entrückung ist passiert, Millionen von Menschen sind plötzlich weg, und da kommt der Antichrist und präsentiert die Lösung. Der Antichrist ist zu Anfang der Reiter auf dem weißen Pferd, der den Weltmächten Frieden bringt. Das große Chaos kommt dann erst noch; die Corona-Pandemie war bloß ein kleiner Vorgeschmack auf das, was noch kommen wird. In der zweiten Hälfte der siebenjährigen Trübsalszeit wird der Antichrist sein wahres Gesicht offenbaren; er wird sich als erscheinender Gott präsentieren und sagen: »Ihr müsst mich anbeten, denn ich habe euch ja die Lösung gebracht!« Anders gesagt, der Antichrist ist ähnlich manisch wie Antiochos.

Fällt dir übrigens an den Namen etwas auf? Anti-ochos vs. Anti-christ – beide Namen enthalten die Vorsilbe *anti*, die »(da-)gegen« bedeutet. Es handelt sich dabei um Städte, die vom Vater und den Vorvätern von Antiochos IV. gegründet wurden, die vor seiner Zeit König waren. »Antichrist« bedeutet *gegen den Gesalbten*. Der antichristliche Geist in unserem Zeitalter ist kein gottfeindlicher Geist, sondern ein Geist, der gegen Christus ist. Du musst dir eines klarmachen: Die Weltmächte sind nicht gegen Religion, denn solange jeder seinen Gott hat und ihn anbetet – warum sollten sie ein Problem damit haben? Doch bei Christus, dem Gesalbten, ist das etwas anderes. Einfach nur Gott zu haben, bedeutet Religion zu pflegen, doch Jesus zu haben, bedeutet eine Beziehung zu haben, die über allem anderen steht. Das ist der Unterschied, der den antichristlichen Geist hervorruft.

Somit war König Antiochos-Epiphanes das lebende Abbild des zukünftigen Antichristen, ein Typus für den Antichristen, denn er wird – wie auch der Antichrist – »das kleine Horn« (Dan 7,8) genannt:

> *Und es wurde ein frevelhaftes Opfer an die Stelle des täglichen Opfers eingesetzt, und* ***das Horn*** *warf die Wahrheit zu Boden. Und was es tat, gelang ihm.*
> *— Daniel 8,12 LUT17*

Hier ist mit »das Horn« Antiochos gemeint; genau wie der Antichrist in Zukunft hat er die Wahrheit zu Boden geworfen und eine Zeitlang Gelingen bei seinem Tun gehabt.

Richtige Endzeit-Bibelauslegung

Es gibt viele, die behaupten, die Offenbarung gelte für uns heute nicht mehr, weil sie sich schon erfüllt habe. Diese Strömung heißt 70-nach-Christus-Erfüllung oder Präterismus (nach engl. Preterism, aus lat. praeter: vorbei; vorüber). 70 nach Christus wurde der Tempel in Jerusalem zerstört und die Vertreter dieser Strömung predigen, dass sich die prophetischen Teile in Daniel sowie der Offenbarung bereits im Zusammenhang mit der damaligen Tempelzerstörung erfüllt hätten und damit Geschichte seien. Doch in dem, was diese sogenannten Präteristen predigen, liegt ein Denkfehler: Sie verstehen den Typus als Erfüllung und berauben ihn damit seiner prophetischen Bedeutung; doch in Wirklichkeit ist der Typus nur ein Abbild dessen, was kommen wird, ein Vor-Bild einer zukünftigen Erfüllung. Deswegen gibt es im Rahmen der Gnadenbotschaft so viele typologische Bilder von Jesus im Alten Testament; Jesus sagte selbst, dass es in den Psalmen, in den Propheten und im Gesetz um ihn gehe (siehe Lukas 24). In diesem Beitrag geht es darum, die Schönheit, die Gesichte und die Abbilder Jesu zu offenbaren, die sich im Neuen Testament schließlich erfüllen und verwirklichen.

Es ist wichtig, dass wir als Christen die Gesetzmäßigkeiten kennen, auf Grundlage derer die Bibel richtig zu interpretieren und auszulegen ist. Dazu gehören Typus und Antitypus und die Erfüllung derselben. Antiochos ist nur ein Typus, und zwar vom kommenden Antichristen. So wie Jesus im Alten Testament auf jeder Seite als Typus beschrieben wird, bis er kommt, gilt das auch für den »Antichristus«. Die Vorsilbe *anti* macht deutlich, dass er wie eine Kopie des Gesalbten ist, nur eben in entgegengesetzter Richtung. Auch der Antichrist wird übernatürlich gezeugt. Auch er wird sterben und in Offenbarung 13 durch Satan auferweckt. Auch er hat einen Vater. Der Antichrist ist also das exakte Gegenüber von Christus. Wenn es von jenem Schatten- und Abbilder gibt, so gibt es sie auch vom Antichristen. Es bestehen also zwei parallele Ebenen bzw. Typus und Antitypus, die sich durch die Bibel ziehen.

Daniel – der Dritte im Bunde

Kommen wir nochmal auf Daniel 8,13–14 zurück:

> *Und ich hörte einen Heiligen reden; und ein anderer*
> *Heiliger fragte den Betreffenden [Palmoni], der redete:*
> *Wie lange gilt dieses Gesicht, nämlich das von dem*
> *beständigen [Opfer] und dem verheerenden Frevel,*
> *dass sowohl Heiligtum als auch Opferdienst*
> *der Zertretung preisgegeben wird?*
> *Er sprach zu mir: Bis zu 2300 Abenden und Morgen;*
> *dann wird das Heiligtum gerechtfertigt werden!*

Wir wissen nun, worum es hier geht, und jetzt wollen wir noch den Dritten im Bunde betrachten. Uns ist inzwischen bekannt, dass Gabriel, der immer wieder im Buch Daniel auftaucht, mit dem Herrn redet (nicht etwa mit dem Engel Michael, wie viele behaupten) und wissen möchte: Wie lange dauert dieser Frevel an? Wie lange müssen wir diesen Gräuel in Jerusalem ertragen? Wie lange noch, sag es mir, du wunderbarer Zähler! (Gabriel befragt hier seinen Herrn und Meister!) Dieser antwortet: Noch 2300 Tage und dann ist der Frevel vorbei. In Vers 15–16 erfahren wir nun, dass Daniel die dritte Person in dieser Geschichte ist.

> *Es geschah aber, als ich, Daniel, das Gesicht sah und es zu verstehen suchte, siehe, da stand einer vor mir, der aussah wie ein Mann. Und ich hörte über dem* ***Ulai*** *eine Menschenstimme, die rief und sprach: Gabriel, erkläre diesem das Gesicht!*
> *— Daniel 8,15–16 SLT*

Es begegnen uns Gabriel, Jesus und Daniel in dieser Handlung. Der Herr sagt zu Gabriel, er solle Daniel diese Vision erklären, denn Daniel war zwar ein Prophet, aber er verstand nicht alles. In Vers 16 heißt es, Daniel hörte über dem *Ulai* eine Menschenstimme. »Ulai« bedeutet zwischen den Ufern. Mit anderen Worten sieht Daniel, wie der Engel des Herrn (Jesus) und der Engel Gabriel zwischen den Ufern stehen; das ist das Bild, das er vor seinem geistigen Auge sieht. Dieses Bild der Ufer kommt noch einmal vor, und zwar im zwölften Kapitel. Schauen wir uns das einmal an:

> *Und ich, Daniel, schaute, und siehe, da standen zwei andere da, der eine an* ***diesem Ufer*** *des Flusses, der andere am* ***jenseitigen Ufer*** *des Flusses. Und einer sprach zu dem in Leinen gekleideten Mann, der oberhalb der Wasser des Flusses stand: Wie lange wird es dauern, bis diese unerhörten Zustände zu Ende sind? Da hörte ich den in Leinen gekleideten Mann, der oberhalb der Wasser des Flusses war, wie er seine Rechte und seine Linke zum Himmel erhob und bei dem schwor, der ewig lebt: Eine Zeit, zwei Zeiten und eine halbe Zeit; und wenn die*

Zerschmetterung der Kraft des heiligen Volkes vollendet ist, so wird das alles zu Ende gehen!
— Daniel 12,5–7 SLT

Der in Leinen gekleidete *Mann* ist Jesus, denn während seines irdischen Lebens trug Jesus bekanntlich auch ein Leinengewand. Weißes Leinen steht als Bild für Gerechtigkeit. Auch in der Geschichte um den Feuerofen sah Nebukadnezar einen vierten *Mann*, dessen Gestalt »einem Sohn der Götter glich«. Hier in Kapitel 12 sind wir bereits bei den prophetischen Dingen, deren Erfüllung – durch den Antichristen – noch aussteht. »Eine Zeit, zwei Zeiten und eine halbe Zeit« sind 42 Monate bzw. 1260 Tage, was in Offenbarung 12 und 13 steht und dreimal wiederholt wird. Das sind die Tage der Drangsal als zweiter Teil der Großen Trübsal, in denen sich das Böse erst richtig entfalten wird. Antiochos und der Antichrist hatten bzw. haben einen Werdegang bis zu ihrem schlimmsten Frevel.

Ist es nicht erstaunlich, wie akkurat die Schrift ist? Erkennst du Palmoni, der zwar nur einmal so bezeichnet wird, aber als der »in Leinen gekleidete Mann« nochmals auftaucht? Es ist einfach der Herr; Leinen ist sein Stoff, der Stoff, aus dem die Träume sind! Er ist der Wunderbare und die Gerechtigkeit für den menschlichen Geist.

Die Gematria gibt uns Antworten

Sowohl in Kapitel 8 als auch in Kapitel 12 lesen wir also von denselben beiden Heiligen, die zwischen den Ufern stehen, mit Daniel als dem Dritten im Bunde, der etwas zu verstehen sucht. Und was ist die Antwort in beiden Fällen? Die gibt uns die Gematria: Eine Zeit ist ein Jahr, zwei Zeiten sind zwei Jahre und eine halbe Zeit sind sechs Monate. Das ergibt dreieinhalb Jahre. Und wir wissen, worum es geht, weil es uns die Offenbarung enthüllt. Aus Daniel allein ist das schwierig herauszulesen, aber wir haben ja bereits festgestellt, dass die Offenbarung uns das Buch Daniel enthüllt; die beiden Bücher müssen zusammen betrachtet werden.

Wenn König Antiochos ein Typus für den kommenden Antichristen war, dann erfüllt sich hier das, was Jesus sagte:

> *Und wenn jene Tage nicht verkürzt würden, so würde kein Fleisch gerettet werden; aber um der Auserwählten willen sollen jene Tage verkürzt werden. — Matthäus 24,22 SLT*

Die Tage, die verkürzt werden sollen, sind die letzten dreieinhalb Jahre der Trübsal, die Drangsal. Würden sie nicht verkürzt – von 2300 auf 1260 Tage –, würde niemand sie überleben. Antiochos lebte seine Gräuel 2300 Tage aus, während die Drangsal 1260 Tage dauert. Dank sei Gott für die Verkürzung, denn sonst würde ganz Israel ausgelöscht werden; wenn der Antichrist erst einmal im Tempel sitzt, dann wird das vor allem für Israel eine schlimme Zeit. Israel wird zerstört werden. Der Typus herrschte also 2300 Tage, doch der Antichrist wird »nur« 1260 Tage herrschen. Danken wir Gott für die Verkürzung!

Die zwei wichtigsten Zahlen aus der Offenbarung

Lass uns zum Schluss noch ein kleines Experiment machen. Hol dir mal einen Taschenrechner oder öffne die entsprechende App auf deinem Smartphone. Was sind die zwei wohl bekanntesten und wichtigsten Zahlen aus dem Buch der Offenbarung? Richtig, 144.000 und 666. Nun gib 144000 : 666 in deinen Taschenrechner ein. Welches Ergebnis erhältst du? Genau, 216.216216216216216. Und 216 ist der Zahlenwert des Wortes »Palmoni«! Das Grandiose dabei ist: Dein Taschenrechner zeigt dir eine endlose Dezimalzahl – die 216 wiederholt sich bis ins Unendliche. Jesus ist der große wunderbare und geheimnisvolle Zähler, der Palmoni!

Dass die 144.000 durch 666 – das Malzeichen des Tieres, des Antichristen – geteilt werden muss, sagt uns Folgendes: Die Tage des Antichristen hat Palmoni bereits gezählt! So wie er die Haare auf deinem Kopf gezählt hat, sind die Tage des Bösen gezählt! Der wunderbare Zähler verleiht uns große Gnade!

Es gibt übrigens noch weitere Begriffe im Zusammenhang mit Jesus, die im Hebräischen den Zahlenwert 216 aufweisen: »der Löwe« und »meine Worte« haben diesen Zahlenwert, genauso wie »Allerheiligstes«. Und zu guter Letzt hat auch »Haus Gottes« den Zahlenwert 216. Ist das nicht fantastisch?

In Psalm 90,12 heißt es: »Lehre uns, unsere Tage richtig zu zählen!«, und kurz darauf ist von der Gnade die Rede, mit der Gott uns sättigen soll. Hier besteht also ganz offensichtlich ein Zusammenhang. Jesus ist der große Zähler, er macht Gematria lebendig, er macht Zahlen und Mathematik lebendig, durch ihn *leben* Zahlen. Die Tage des Bösen sind gezählt. *Er* hat sie gezählt, darum brauchen wir uns nicht zu fürchten. Für dich zählt der Mann im leinenen Gewand, der dich durch seine Gnade gerettet hat, nur mehr gute Tage!

Lieber Freund, nimm im Glauben die Wahrheit an, dass die Tage des Bösen für dich und deine Familie gezählt sind, und erlebe dadurch eine neue Freiheit in deinem Christsein.

Palmoni macht's möglich!

Schlusswort

Wow ... geschafft! Wir sind am Ende des Buches angelangt, wenn auch etwas abrupt. Wir hätten noch viele Seiten dranhängen und das Thema weiter vertiefen können. Aber wir wollten das Buch nicht überfrachten, sondern die wichtigsten Punkte vermitteln. Vielleicht konnten wir dich dazu anregen, tiefer in das Wort Gottes einzutauchen. Wenn ja, können wir dir die Grace Academy von ganzem Herzen empfehlen. Wir haben in den verschiedenen Lehrgängen viel über Gottes Wort, seine Liebe und natürlich über Jesus erfahren. Und wenn du dich einfach nur für den Bereich Gematrie interessierst, kannst du dich trotzdem gerne melden. Du bekommst dann von der Grace Academy den Kurs »Gematria« mit allen Informationen zur Verfügung gestellt.

Wir danken dir, dass du bis zum Schluss durchgehalten hast, und würden uns freuen, von dir zu hören. Schreib uns eine Nachricht, wenn du magst.

Abschließend möchten wir dich und dein Haus mit den Psalmen 23 und 91 segnen: Möge unser himmlischer Abba dich in allen Bereichen segnen, dir den Tisch vor den Augen deiner Feinde und inmitten von Herausforderungen decken, dich stets auf saftiggrüne Auen führen und mit frischer Speise nähren. Er möge dich unter seinen Fittichen schützen und dir in jeder Situation Kraft, Liebe und Geborgenheit schenken.

Wir sprechen göttlichen Schutz und Segen über dich, deine Familie, deinen Arbeitsplatz und deine Firma aus. In Jesu Namen, Amen.

Sei gesegnet – Roberto und Manuela.

Literatur

The Stars of His Coming – D. Ronald Allen

Video und Dokumente, Predigten von Pastor Erich Engler – »Burning Hearts«

Video und Dokumente, Predigten von Pastor Erich Engler – »Das Evangelium am Himmel«

Witness of the Stars – W. Bullinger D.D.

Quellen

1 https://de.wikipedia.org/wiki/Berenike_II.

2 Rev. Ethelbert W. Bullinger, The Witness of the Stars, London: Kyre and Spottiswoode, Her Majesty's printers, 1893, S. 50.

3 Rev. Ethelbert W. Bullinger, The Witness of the Stars, London: Kyre and Spottiswoode, Her Majesty's printers, 1893, S. 90.

4 Ebenda.

5 Entgegen der Ausführungen im Zitat sind die »heiligen drei Könige« nicht biblisch. Die Bezeichnung ist vielmehr auf Legendenbildung und Heiligenverehrung zurückzuführen. Im Neuen Testament werden sie stets »Weise« oder »Sterndeuter« genannt.

6 https://de.wikipedia.org/wiki/Chaldäer

7 https://de.wikipedia.org/wiki/Schechina

8 https://de.wikipedia.org/wiki/Gematrie

9 https://de.wikipedia.org/wiki/Gematrie, zuletzt abgerufen am 09.04.2021.

10 Die Inhalte wurden uns von der Grace Academy als Auszug aus dem Lehrstoff zur Verfügung gestellt.